U1069891

跑赢

写给普通人的财富方案

李嘉林◎著

電子工業出版社
Publishing House of Electronics Industry
北京·BEIJING

图书在版编目（CIP）数据

跑赢 : 写给普通人的财富方案 / 李嘉林著 . 北京 : 电子工业出版社, 2025. 7. -- ISBN 978-7-121-50407-5

Ⅰ . F830. 59-49

中国国家版本馆 CIP 数据核字第 2025NB5306 号

责任编辑：黄　菲　　文字编辑：刘　甜
印　　刷：天津千鹤文化传播有限公司
装　　订：天津千鹤文化传播有限公司
出版发行：电子工业出版社
　　　　　北京市海淀区万寿路 173 信箱　邮编：100036
开　　本：880×1230　1/32　印张：9.75　字数：288 千字
版　　次：2025 年 7 月第 1 版
印　　次：2025 年 7 月第 1 次印刷
定　　价：78.00 元

凡所购买电子工业出版社图书有缺损问题，请向购买书店调换。若书店售缺，请与本社发行部联系，联系及邮购电话：（010）88254888，88258888。

质量投诉请发邮件至 zlts@phei.com.cn，盗版侵权举报请发邮件至 dbqq@phei.com.cn。

本书咨询联系方式：1024004410（QQ）。

自序 | Preface

投资，让我们成为更好的自己

你相信自己能通过投资实现财富自由吗？

大多数人都会觉得赚钱很难，投资的风险很大，甚至觉得投资和赌博没什么区别。但我一直坚信，投资有方法，我可以通过它实现财富自由。

和许多人一样，我的投资生涯始于一轮牛市。

2014 年，A 股迎来大牛市，我懵懂地进入市场。那时候行情好，赚钱似乎很容易，让当时在银行工作的我，第一次窥见投资的魅力。初入市场，我的本金有限，实际收益并不算多，但那些跳动的数字让我着迷。在实战中，我疯狂学习投资知识，最终打磨出一套适合自己的投资体系。两年后，我辞去稳定的工作，正式成为一名股票操盘手；又过了一年，我开始了互联网保险创业。

那些年，我像在跑一场没有终点的马拉松，既要管理创业团队，又要研究市场走势，经常忙到忘记吃饭。但正是在这种极限状态下，我发现了投资和创业的共通之处——它们都在考验我们抓住本质的能力。当我把注意力从表象转向本质时，一切都开始变得清晰。

市场是最诚实的老师。投资和创业都是离钱很近的事，风险很高，极为考验人性。要想在这里拿到结果，我注定是要经历一次又一次艰难考验的。

记得有一次面对市场暴跌，我明明知道是绝佳机会，却因为恐惧不敢下单；我也经历过严格执行止损操作后，股价立即反弹的懊恼。这些时刻都在提醒我：投资的难点从来不在于技术，而在于如何管理那个总是感情用事的自己。

我们常说投资是反人性的游戏。当重仓某只股票时，我们总会不自觉地寻找支持自己持仓的理由；当亏损增加时，我们宁愿选择“搁置”也不愿认错；而当盈利出现时，我们又容易过早卖出，错失更大的机会。这些行为背后，是深植于人性中的禀赋效应、损失厌恶和寻求自豪感在作祟。

十年的市场历练让我明白，真正的投资高手不是在预测市场，而是在管理自己。在这十年中，除了外在的经济条件变好，我也在迅速成长、超越自我，直到成为今天的自己。

在这十年中，从最初的追逐技术指标，到后来修炼投资心态，再到形成自己的财富价值观，这条进化之路没有捷径。每一次非理性下跌时的恐惧，每一次冲动交易后的懊悔，都在塑造更成熟的投资者人格。

所以真正厉害的操盘手，一定是有年历的，是经历过牛熊动荡，经历过生死煎熬的操盘手。足够的经历，甚至是足够的痛苦，才能让一名操盘手经受人性的考验，真正淬炼出自己的财富品质。

这些年，当我在创业和投资领域取得一些成绩时，我再一次开始寻找人生的新高度。除了利用互联网保险帮助千万个家庭不至于因为意外和疾病返贫，除了帮助我的投资用户管理好资金、获得不错的收益，我还能做些什么呢？我一直在寻找更大的意义。

特别感谢我的事业搭档王莹，她极为深入地学习了我的整个投资操作体系和财富的认知体系，同时深入了解了我过往的经历和为人处世的原则。她不断地激励我站出来，给普通人普及投资和财富知识，使他们建立正确的财富思维，向他们传递宝贵的财富品质。

她帮助我看到投资教育的深层意义，当我帮助更多人建立正确的财富观时，改变的不仅是他们的账户余额，更是他们对待金钱和人生的方式。

这本书不提供快速致富的秘诀，而是希望带你看到投资的本质——它既是一场关于金钱的游戏，更是一面映照自我的镜子。如果你愿意，让我们一起在这面镜子前，遇见更好的自己。

目录 | Contents

Part One
第一篇
认知破壁

第 1 章
简单陷阱：为什么投资越学越亏损？

第 2 章
复杂迷雾：数据过载时代如何极简决策？

第 5 章

行为扫雷：这些常见的“坑”你踩过多少

Part Three

第三篇

认知复利

第 6 章

反脆弱框架：如何在市场立于不败之地

第 7 章
精准进攻：如何用 20% 决策捕获 80% 收益

Part Four
第四篇
投资实战

第 8 章
基金投资要义

第 9 章
股票投资要义

Part Five

第五篇

财富觉醒

第 10 章

财富终极进化论：打造你的财富基因链

Part One

第一篇

认知破壁

1

第 1 章

简单陷阱：
为什么投资越学越亏损？

什么决定了股票的涨跌?

有人说股票投资是一门科学，因为有一定的原理可循，投资者可以研究各种行业信息，可以研究公司报表和估算公司价值，可以看各种宏观指标，可以研究各种 K 线走势。但也有人说股票投资是一门艺术，受到政策、经济和投资者情绪的影响，股票经常暴涨和暴跌，价格远远偏离价值，永远让人摸不着规律。

股票买卖到底是一场理性的投资，还是一场非理性的赌博?

要搞清楚这个问题，我们需要先了解股票到底是什么。

股票本质上是公司的所有权凭证，所以持有股票等于持有了公司的股权。股票的价值就是公司股权的价值，价值是可以大致估量的。而价格就是投资者对股票价值的定价，是价值的市场表现形式。我们在股票市场上交易的是股票的价格，而不是价值。但是因为不同人对价值和价格的判断是不一样的，所以就导致了价格交易的分歧。

到底是什么决定了股票价格的涨跌呢?我们从市盈率公式就能得出结论:

市盈率＝股票价格/每股收益

公式的分子、分母分别乘以总股本，得出:

$$\text{市盈率}=\text{股票市值}/\text{净利润}$$

我们把公式置换一下，变成：

$$\text{股票市值（价格）}=\text{市盈率（估值）}\times\text{净利润}$$

所以，股票价格受股票的估值和公司的利润变化影响。这里就出现不同的变化了，我们用下表来分析。

估值变化	利润变化	市值变化（价格涨跌）	备注
上升	上升	快速上升	戴维斯双击
下降	下降	快速下跌	戴维斯双杀
上升	下降	不确定	股票大多数时候呈无序波动，直到一方力量远远大于另一方力量，才会拉动股票价格向力量强的一方倾斜
下降	上升	不确定	股票大多数时候呈无序波动，直到一方力量远远大于另一方力量，才会拉动股票价格向力量强的一方倾斜
上升	不变	上升	
下降	不变	下降	
不变	上升	上升	
不变	下降	下降	

从中可以看出，估值和利润就像拉动股价变动的两驾马车。当它们同向变动时，股价就会随之快速同向变动；当它们不同向变动时，谁的力量大，股价就会随谁变动。

估值是相对的，不同行业、不同公司、不同环境下，估值都不同。估值更不是一成不变的，它受到投资者的预期和情绪这两大因素影响。

投资者对公司未来的发展更看好，预期更高，给的估值就会更高，所以科技行业的估值比煤炭行业的估值高，行业龙头公司的估值比小公司的估值高，利润增长潜力大的公司估值比不稳定增长公司的估值高。

当市场行情比较好，投资者情绪比较高涨的时候，投资者对未来会特别乐观，愿意接受的估值也会比较高，最典型的就是牛市中垃圾股也会飞上天。

利润对股票市值的影响也一样。公司经营利润会直接影响股票的价格，这是最核心的影响因素。除了利润，投资者对公司利润的预期，也会影响股票的价格。比如，如果市场对一只股票的利润增长预期只有 20%，但是公司实际公布的利润增长为 50%，大幅超过市场预期，那股价大概率会迎来增长，因为市场对公司未来的预期变好了，从而使估值提升。

所以，从更细的维度来看，影响股价变动的因素就是：投资者的预期、情绪及公司利润。

从实际情况来看，决定长期股价变动的是公司利润，而决定股价短期波动的是投资者的预期和情绪。

我们都知道股票的价格围绕股票的价值波动，所以只要公司长期经营向好，股票的价格就是长期向上，哪怕在过程中会出现偏离价值的情况，也不影响长期向上的趋势。而公司的基本面变化是缓慢的、有迹可循的，所以从这个维度来说，股票投资是简单的。

但是投资者的预期和情绪是不可量化和估算的，且波动极大，这会导致股票价格在大多数时候偏离实际价值，并且容易出现极端波动的情况。所以短期来看，股票投资是充满不确定性的、复杂的。

整体来看，对大部分投资者来说，股票投资无疑是不简单的，不然也不会出现“七亏二平一赢”的局面。但任何复杂的事情都有其最核心、最简单的原理，投资者想要在投资中稳定盈利，就必须掌握这些核心原理。

而本节的股票涨跌核心公式，就是股票投资的一条核心原理。

这个公式告诉我们，投资者要知道市场处于什么阶段，是高估值还是低估值阶段，是情绪高涨还是恐惧阶段，是基本面向好还是向差阶段，并且要知道自己赚的是什么钱。

只有具备了这个认知，我们在股票投资的时候才能知其然且知其所以然，才能真正稳定盈利。

复盘时刻

1. 长期来看，股票的价格受股票价值的影响，股市受经济的影响，基本面的变化是缓慢的、有迹可循的。
2. 作为投资者，永远要知道自己赚的是什么阶段的钱，而不是跟着市场情绪去赌不确定性。只有具备这样清晰的认知，才能真正稳定盈利。

经济不好时，真的会有牛市吗？

当你明显感觉经济环境越来越差时，别人告诉你，牛市要来了，你会选择相信吗？当你抱着将信将疑的态度入市试探时，市场突然大幅震荡，你会逃跑还是留下呢？

前面说到，长期来看，股票反映公司发展的基本面，股市反映经济发展的基本面。所以从逻辑上来讲，经济好了，股市才会好。

但是股市中又有一句名言："股市是经济的晴雨表"，意思是，股价的涨跌会提前反映经济的好坏。在现实情况中，经济不好的时候牛市反而会到来，经济很好的时候股市反而有可能会下跌。

到底股价涨跌和经济好坏之间的逻辑是什么？投资者如何才能把握梦寐以求、一年顶十年的牛市行情呢？

要解答这个问题，我们需要从另一个角度来了解决定股价涨跌的因素。

股票除了是公司的所有权凭证，反映公司价值，还是买卖双方交易的标的凭证，而股票交易的本质就是买卖双方的供求关系交换。当买方力量比较强时，就出现出供不应求的局面，股价就会上涨，最极端的走势就是连续涨停板。反之，当卖方力量比较强的时候，就出现供大于求的局面，股价就会下跌，最极端的走势就是连续跌停板。

什么决定了力量的强弱？答案是：资金的多少。

谁手上资金充裕，谁就有话语权，就能影响股价。当然，这里说的资金充裕，并不是指具体的某个庄家或机构操盘的资金量大小，而是指市场的大势、资金流动的大势。所以我们会看到，当经济不好时，国家会实行宽松的货币政策或财政政策，无论公司还是老百姓，都可以以更低的利息借到更多的钱，此时自然会有更多的钱流入市场，俗称“放水”。市场上的资金充裕了，大家对未来经济的预期变好，就会推动资产价格的上涨，其中就包括股价和房价的上涨。

宽松的货币环境不仅会刺激消费，也会刺激公司借贷、扩大生产，从而推动经济好转，经济基本面好转又会使股价上涨。当经济过热时，国家就会实行紧缩的货币政策或财政政策，市场资金面的供需关系会变得紧张，实体经济会降温，股市也会出现供大于求的情况，走势转而下跌。

为什么股市会提前反映经济呢?

因为股票投资比公司投资和房地产投资的流动性更好，所以股市相比实体经济，对货币政策的敏感性更高。在经济不好的时候，国家就会执行“放水”政策，因为股市的流动性好、阻力小，所以，“水”会优先流入股市，再叠加投资者对未来经济好转的预期，这就使在某个特定时间段，经济不好的时候，股价反而会上涨，甚至会催生牛市。

但股市的波动并非总是和经济波动同步，因为股市的波动不完全受经济基本面的影响，尤其是短期波动，更多是受投资者预期和情绪的影响。而投资者往往容易出现过于乐观或过于悲观的情绪，所以投资者对未来的预期并不准确，甚至大多数时候都是错误的。实际上，股市波动在绝大多数时候都会偏离实际经济运行，从这个维度来看，股市并不能准确或提前反映经济的波动。其实从更深层次关系来看，不是股市预示了经济，而是经济主导了股市。

这么多复杂的关系，对投资者到底有什么用？

其实我想表达的是，股市、货币政策、经济基本面这三者的关系，并不是简单的因果关系或线性关系，而是复杂的相互影响、相互印证的关系。投资者千万不能陷入简单的线性思维，认为经济好，股市就一定好，又或者认为经济不好，股价就一定不会涨，而是要边走边观察，判断在不同阶段三者的发展程度和相互关系。

复盘时刻

1. 股市被称作“经济的晴雨表”，其实源于货币政策是股市的晴雨表。
2. 识别宏观政策和宏观经济，对于识别初期牛市的到来和结束有重要的指导意义。
3. 记住这句巴菲特的忠告：股市长期是称重机，短期是投票机。

复利：隐藏在时间里的财富“倍增器”

复利，被称为世界第八大奇迹。

我想哪怕没有金融基础的人，也不会否认复利的巨大威力。复利是财富积累的有效途径，但是在投资中很多人没有感受到复利的巨大力量。

巴菲特是复利投资最好的代表人物，其人生传记为《滚雪球》，滚雪球代表的就是复利。巴菲特的金融资产大约有 1418 亿美元，这真是一笔巨额财富！但你知道巴菲特在 50 岁和 65 岁的时候，分别有多少资产吗?

答案是：巴菲特在 50 岁的时候只有 6 亿美元资产，在 65 岁时只有 120 亿美元资产。也就是说，巴菲特绝大部分的资产都是在 50 岁后获取的。

此时此刻的你，是不是忍不住再算了一遍？我当初知道这个数字时，一样觉得很惊讶。

复利的发生过程是如此漫不经心且反人性，以至于太多人明知道它的重要性，却无法最终体验到它巨大的威力。

现在就来做一件特别重要的事：拆解复利公式，研究它到底是怎样发挥作用的。

首先，我们来看一下复利曲线。复利增长，也叫指数型增长。如图 1-1 所示，复利曲线呈现出的特征是一开始斜率很小，增速很慢，随着时间推移，斜率越来越大，增速也越来越快。

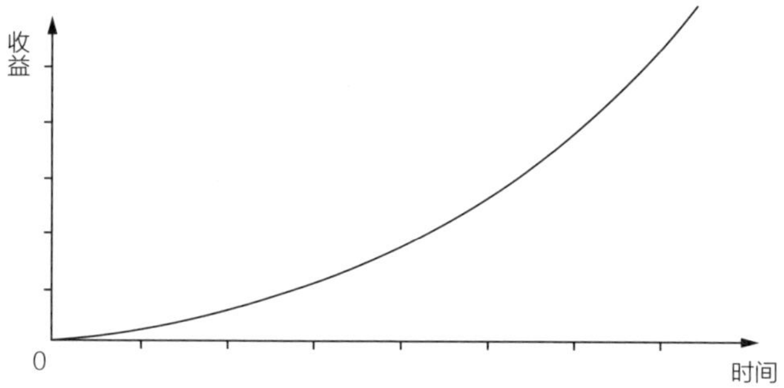

图 1-1　复利曲线

我们再来看一下复利的公式：复利 = 本金 ×（1+ 收益率）^{次数}。等号右边的三个要素分别代表了原始投入、增长速度和时间。

巴菲特曾经说过："投资要找到很长的坡和很湿的雪。"这句话是他对于复利奇迹的提炼。初始的雪球代表投入本金的大小，很长的坡代表时间，很湿的雪则代表收益率。

我们现在来看看复利的每个要素是怎么发挥作用的。

复利的时间效应：时间越久，威力越惊人

假设有 A、B、C 三位不同年龄的投资者：A 25 岁，B 30 岁，C 35 岁，三人的初始本金都是 100 万元，年化收益率都

是10%，都投资到70岁，也就是A投资了45年，B投资了40年，C投资了35年。我们来看看这三人各自70岁时的收益情况：

A收益=100万元 ×（1+10%）^{45}=7289万元

B收益=100万元 ×（1+10%）^{40}=4526万元

C收益=100万元 ×（1+10%）^{35}=2810万元

可见，B比C早开始投资5年，B的总收益是C的1.6倍；A比C早开始投资10年，A的总收益是C的2.6倍。

开始的时间越早，复利的威力越大！

还有一个关于时间复利的经典案例：巴菲特和文艺复兴对冲基金西蒙斯的投资对比。

巴菲特的年化投资收益率大约是22%，西蒙斯从1988年开始以每年66%的投资收益率增长。但最终的结果是，在2018年巴菲特拥有845亿美元金融资产，而西蒙斯只拥有210亿美元资产，约是巴菲特的1/4。

为什么巴菲特的投资收益率是西蒙斯的1/3，但是总资产却能比西蒙斯多4倍？这里面当然有资金量的问题，但更关键的是时间。西蒙斯直到50岁才找到自己的投资方法，而巴菲特从10岁就把投资当成了一项事业，30岁就拥有了100万美元身家。巴菲特投资了70年，西蒙斯的投资时间还不到巴菲特的一半。

投资的时间越久，复利的威力越大！

投资是一场马拉松，不在于你一开始跑得多快，而在于你能坚持跑多久。

复利的收益迷途：收益大小并不重要，收益稳定才是王道

只要是有投资经历的人，都会重点关注投资的收益率。但收益率真的是投资者最应该关注的部分吗？我们来看两个投资收益案例。

案例一：A 和 B 两人起始本金都是 10 万元，A 每年的投资收益率固定为 5%。而 B 第一年赚 20%，第二年亏 10%，第三年赚 20%，第四年亏 10%，以此类推，单数年赚 20%，双数年亏 10%（见表 1-1）。

表 1-1 案例一收益对比

10 万元总资金				
	A		B	
	每年盈亏	累计盈亏（元）	每年盈亏	累计盈亏（元）
第 1 年	5%	105000.00	20%	120000.00
第 2 年	5%	110250.00	-10%	108000.00
第 3 年	5%	115762.50	20%	129600.00
第 4 年	5%	121550.63	-10%	116640.00
第 5 年	5%	127628.16	20%	139968.00
第 6 年	5%	134009.56	-10%	125971.20
第 7 年	5%	140710.04	20%	151165.44
第 8 年	5%	147745.54	-10%	136048.90
第 9 年	5%	155132.82	20%	163258.68
第 10 年	5%	162889.46	-10%	146932.81
第 11 年	5%	171033.94	20%	176319.37
第 12 年	5%	179585.63	-10%	158687.43
第 13 年	5%	188564.91	20%	190424.92

续表

10 万元总资金				
	A		B	
	每年盈亏	累计盈亏（元）	每年盈亏	累计盈亏（元）
第 14 年	5%	197993.15	-10%	171382.43
第 15 年	5%	207892.81	20%	205658.91
第 16 年	5%	218287.45	-10%	185093.02
第 17 年	5%	229201.82	20%	222111.63
第 18 年	5%	240661.91	-10%	199899.46
第 19 年	5%	252695.01	20%	239879.36
第 20 年	5%	265329.77	-10%	215891.42

案例二：其他条件不变，只把 A 的投资收益率变为 8%（见表 1-2）。

表 1-2　案例二收益对比

10 万元总资金				
	A		B	
	每年盈亏	累计盈亏（元）	每年盈亏	累计盈亏（元）
第 1 年	8%	108000.00	20%	120000.00
第 2 年	8%	116640.00	-10%	108000.00
第 3 年	8%	125971.20	20%	129600.00
第 4 年	8%	136048.90	-10%	116640.00
第 5 年	8%	146932.81	20%	139968.00
第 6 年	8%	158687.43	-10%	125971.20
第 7 年	8%	171382.43	20%	151165.44
第 8 年	8%	185093.02	-10%	136048.90
第 9 年	8%	199900.46	20%	163258.68

续表

10 万元总资金				
	A		B	
	每年盈亏	累计盈亏（元）	每年盈亏	累计盈亏（元）
第 10 年	8%	215892.50	-10%	146932.81
第 11 年	8%	233163.90	20%	176319.37
第 12 年	8%	251817.01	-10%	158687.43
第 13 年	8%	271962.37	20%	190424.92
第 14 年	8%	293719.36	-10%	171382.43
第 15 年	8%	317216.90	20%	205658.91
第 16 年	8%	342594.25	-10%	185093.02
第 17 年	8%	370001.79	20%	222111.63
第 18 年	8%	399601.94	-10%	199899.46
第 19 年	8%	431570.09	20%	239879.36
第 20 年	8%	466095.71	-10%	215891.42

现在请你靠直觉猜猜看，20 年后案例一中，A 和 B 谁的资产更多？那么案例二呢？记住你的答案。

正确的答案是：无论案例一还是案例二，都是 A 的资产更多。

20 年后案例一中，A 的 10 万元变成了 26.53 万元，B 获得 21.59 万元，A 比 B 多了约 5 万元；而案例二中，A 的本金和收益一共是 46.6 万元，比 B 的 2 倍还要多！

这个答案可能超出了很多人的认知。大部分投资者选择一个投资产品或标的时，往往看重短期收益，但忽略了长期的收益稳定性。其实在投资中，**“稳定的慢”比“不稳定的快”更重要。**

由此可见，投资怕的不是慢，而是不稳定的快。

当投资者习惯了高波动收益的时候，就很容易产生赌徒心态，会不自觉放开风险敞口，主动迎接更大的风险。一旦投资者承担了过大风险，遭受一次重大亏损，就可能再也没有翻身机会，因为雪球崩了就滚不下去了。

普通投资者相比机构投资者的优势就在于收益率相对容易控制。因为普通投资者资金体量小及没有业绩上的压力，所以可以耐心等待行情比较好的时候进行投资，行情不好的时候就少投资，甚至不投资。这样收益率就会比较可控，这也是普通投资者最好的投资策略。

复利的本金要素：抛开本金谈收益是本末倒置的行为

如前面所讲，在复利这个概念里，时间要素的重要性已形成共识，收益是很多人最重视的要素，但大多数人在谈起复利的时候，都会忽略一个极其重要的要素，那就是本金。原始本金投入的差距，往往能比肩多年的时间和收益的积累。

虽然我们常说，人人都应该学理财。但是如果本金太少，开始投资的意义其实不大。因为再简单的投资都需要花心思。当本金少的时候，人们更应该将时间精力投入到本职工作中，不断在工作中创造和积累收入结余，将结余用于投资，不断用本金驱动投资飞轮的转动。这是对绝大多数人来说最可行、最靠谱的获利方式。

对大部分人来说，想要实现特别优秀的投资收益率不是一件容易的事，其间充斥着很多不可控因素。相较之下，通过不断努力增加收入，积攒投资本金则在个人掌控范围内。增加本金，远比拔高投资收益率更容易实现，风险也更低。因而本金微薄的年轻人，要想办法尽快开源节流，持续扩充本金，让财富的雪球效应发挥更巨大作用。

总之，要使用复利这个财富魔法棒，需要做到：重本金留存、借时间沉淀、抓稳定收益。

复盘时刻

1. 本金越多、投资越久、收益越稳定，抓住复利三因素，共同发力，乌龟也能赛飞马。
2. 耐心是成功获得复利的“金种子”，只有耐心的人才能做到坚持、稳健地浇灌，才能坐等财富荷塘花满池。

股市长期是上涨和容易赚钱的

“在股市只要长期持有，指数投资不亏钱，股市的长期均衡收益比大部分理财产品高，甚至比投资房产的收益都要高。”看到这句话，我猜你一定觉得我在胡言乱语。

在股市里“七亏二平一赚”的说法经久流传，那么多人投资都赚不到钱，怎么可能会不亏钱且收益很高呢？

海通证券首席经济学家荀玉根团队发表了一篇题为《股市合理回报率是多少？——参考境内外百年历史》的研究报告。其研究了近百年境内外主要国家大类资产的收益对比，最终得出了一个结论：多国长期历史数据显示，股票收益高于其他资产，年化收益率为 8% ~ 10%。股市短期波动大，但在长期复利效应下收益很大。

股票长期收益高于各类资产

荀玉根团队研究了中国 2005—2023 年各类资产的收益表现得出结论：万得全 A（考虑分红）年化收益率为 9.8%，位居各类资产之首；以全国新房销售额除以销售面积计算的房价年化涨幅为 7.3%，若考虑租金年化收益率 2.2%，房产的年化收益率为 9.5%；沪深 300 指数（考虑分红）的年化收益率达到 8.6%；上证综指（考虑分红）的年化收益率为 6.1%；以中债国债总指数衡量的债券年化收益率为 4.3%；CRB 现货指数代表的大宗商品年化收益率为 3%（见图 1-2）。港股方面，1964—2023 年恒生指数年化收益率为 10.1%。

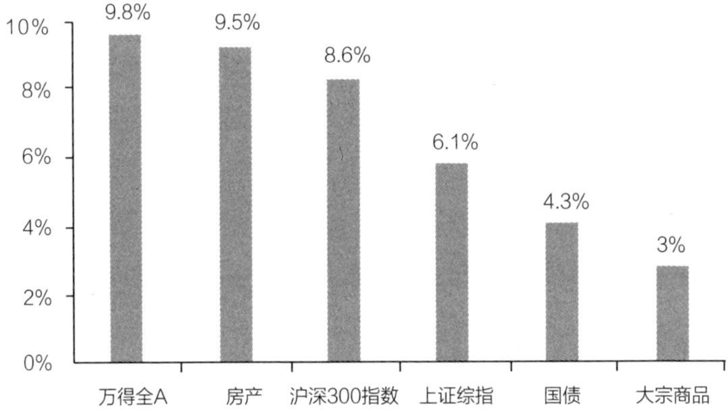

图 1-2　2005—2023 年我国大类资产名义年化收益率

这个情况在各国都相似。以美国市场为例，《股市长线法宝》一书对美国大类资产的收益率和风险进行了全面统计。数据显示，在 1802—2021 年这一跨越两个世纪的长期区间内，美国股票、长期国债、短期国债、黄金、美元的名义年化收益率分别为 8.4%、5%、4%、2.1%、1.4%。

从多国长时间维度来看，股市**年化收益率为 8%～10%**，股票在全球范围内的表现普遍优于其他资产类别。

股市波动较大，长期投资对抗波动

股市相对其他各类资产来说波动较大，尤其是牛市和熊市的涨幅和跌幅相差较大。荀玉根团队研究表明，美国股市在 1927—2023 年间，标普 500 指数年化涨幅为 6%，其中牛市阶段的平均年化涨幅为 12.5%，熊市阶段的平均年化跌幅为 11.2%。A 股方面，1990—2023 年间，中国 A 股市场表现出更大的波动性，上证指数年化涨幅为 10%，其中牛市阶段的平均年化涨幅为 49.4%，熊市阶段的平均年化跌幅为 20.7%。

虽然波动较大，但是研究表明，通过长期持有指数可以有效对抗波动，在任意时间买入，长期持有 8—10 年以上，就能赚钱。

任意月末时点买入指数，随着持有时间延长，各市场主要股指获得正收益的概率普遍上升。

在 3 年持有期以内，各股指的正收益概率均不高，各个股指获得正收益的概率为 65% 左右；如果持有期拉长到 5 年，各股指的正收益的概率显著提升至约 80%；如果持有 7 年，各股指获得正收益的概率提高至约 85%；如果持有期接近 10 年，各股指的正收益概率提升至约 90%（见表 1-3）。

表 1-3　各市场主要股指年化收益均值

任意月末买入股票，主要股指不同持有期下的年化收益均值和正收益概率

持有期	标普 500		恒生指数		沪深 300		万得全 A	
	年化收益均值	正收益概率	年化收益均值	正收益概率	年化收益均值	正收益概率	年化收益均值	正收益概率
1 年	7.2%	68.6%	13.6%	63%	12.4%	48.6%	25.1%	57.8%
2 年	7.2%	75.8%	14.6%	64.7%	13.2%	50.2%	23.2%	55.3%
3 年	7.3%	78.4%	14.8%	70.5%	11.6%	64.2%	17.1%	67.1%
4 年	7.4%	77.8%	15.1%	78.1%	11.1%	72.8%	15.1%	77.1%
5 年	7.5%	79.7%	15.2%	82.7%	10.5%	85%	14.9%	84.3%
6 年	7.4%	84.1%	14.5%	88.2%	9.4%	89.9%	15%	85%
7 年	7.4%	85.7%	13.7%	91.1%	8.9%	86.6%	13.7%	87.6%
8 年	7.5%	86.8%	13.3%	92.4%	8.3%	91.7%	13.1%	91.4%
9 年	7.5%	88.8%	12.8%	91.9%	9%	90.9%	13.4%	97.2%
10 年	7.6%	88.8%	12.9%	96.1%	9%	92.7%	12.7%	100%

《股市长线法宝》一书中也有类似的结论，书中计算了美国 1802—2002 年在任意时点持有股票和债券的收益情况。结果表明，从任意时点开始：持有股票 1 年，最高和最低收益分别是 66.6% 和 −38.6%，波动很大；如果持有 5 年，最高和最低收益分别是 27.3% 和 −11.9%；持有 10 年，最高和最低收益分别是 16.8% 和 −4.1%；持有 20 年，最高和最低收益分别是 12.6% 和 1%，这表明持有 20 年以上，股票最差也能获得正收益。

以上演示数据表明，股市投资持有的时间越长，获得正收益的可能性越大，平均年化收益越趋近合理的投资回报率（年化收益 6%～10%）。这代表着持有指数进行长期投资，也能拥

有一份合理的回报。

如果我们能结合宏观经济的变化、指数的估值、市场的趋势来投资，收益表现就能更好。

我们举个简单的例子，图 1-3 是过去 10 年沪深 300 指数的估值与分位图。图中的折线是沪深 300 指数的走势，3 根水平线从上到下，分别代表高估线、平均估值线和低估线。如果指数位于高估线上方，代表现在的估值水平比过去 X 年（X 代表我们选取的时间段，比如图 1-3 中的是 10 年）80% 时候的估值都要高，反之同理。

图 1-3　过去 10 年沪深 300 指数的估值与分位图

从过去 10 年沪深 300 指数的走势来看，指数在低估值区间以下的运行时间不会很久，一般是 1—2 年。如果我们在指数低估区间买入，在正常估值或高估区间卖出，就能比随便买入有更大的盈利概率和收益率。

最后需要特别提醒的是，以上分析都是针对宽基指数，比如上证指数、创业板指、沪深 300、中证 500 等涵盖各行各业的指数。宽基指数投资是对普通投资者很友好的投资，因为它具备简单、高度分散、长期波动上涨的特点。

但如果是行业指数基金和个股就未必了。行业指数基金就是指投资标的集中在同一个行业的基金，比如酒 ETF、煤炭 ETF、券商 ETF、半导体 ETF 等。为什么长期持有行业指数基金和个股未必是好选择呢？因为其中存在很多的不确定性，既受到行业周期、行业政策的制约，又受到公司自身经营情况的影响。哪怕是中国石油这样家喻户晓的大企业，上市第一天其股价高达 44 元，然后一路下跌，股价至今仍然没有超过 13 元。

普通投资者没有丰富的专业知识，也没有时间研究和看盘。所以对普通投资者来说，要想在股市获利，最好的办法就是尽量找到更多的确定性：确定能上涨的标的（比如宽基指数），确定能盈利的策略（比如长期持有、在低估时买入），用时间来熨平波动，获取长期收益。

复盘时刻

1. 长期看股票是收益很高的优质资产，普通投资者也有办法获得高收益。
2. 不是股市不好，而是我们太急，耐心是普通投资者增加确定性的最佳支点。

你能分清主观判断和客观事实吗？

有多少人投资的第一步开始于道听途说？听到某个朋友的内部消息，这家公司有丰厚的利润，股票即将大涨，于是跟风买入；看到某个博主晒出来的收益图，深信不疑，于是跟风买入；又或者像曾经的我一样……

我记得在2014年刚刚进入股市的时候，某天早上我忽然看到新闻说油价跌了。我立马思考得出结论：利好航空股。当天开盘我就迅速买入航空股，果然当天大涨，我洋洋得意，认为自己真是非常聪明。看看！投资就是这么简单。最后的投资结果可想而知了，一定是悲惨收尾。

你有过类似的经历吗？

看到一条信息，下意识就形成了自己的观点。倘若你是一名投资者，很可能立马就采取相应的投资行动了。从信息A到观点B到行动C，一气呵成，似乎看上去一切都有逻辑、有依据，但是最后结果不尽如人意。

是信息错了吗？还是判断错了？抑或是市场错了？

可能是都错了，也可能都没错！

因为A所以B，有A就一定会得到B，这叫线性外推。因为当我们大脑思考的时候特别消耗能量，而依据经验直觉的线性外推思维来做决策最节省能量，所以我们日常用得最多的决策思维就是线性外推思维。但线性外推思维只适用于简单的、机械的原理，比如物理学中力学的理论推导。

这个世界大多数情况下不是一个简单的系统，而是复杂系统。比如我们的人体，很多病症都不是由一个简单的因素导致的，而是多因素综合在一起的结果。比如我们感冒了，医生诊断是病毒感染。我们想起昨天隔壁同事感冒了，就会觉得自己一定是被他传染了，之后我们看到感冒的人，就会下意识避而远之。但其实真相很可能不是被隔壁同事传染了，而是因为最近没休息好，免疫力下降了或者晚上睡觉着凉了。

股票投资同样是一个复杂系统。同一个股票，不同的人，持有的资金、成本、策略不同，都会使我们对同一条信息产生不同的观点，从而做出不同的买卖决定。有分歧就会产生交易，正因为有了人的参与，股票价格才产生了波动。但问题是任何人都不可能知道别人是怎么想的，因此股票的波动就形成了一个非常复杂的系统。

股票投资是非常主观的行为，但是决定我们能不能赚到钱的不是我们的主观判断，而是市场的客观走势。我们的主观判断越靠近客观事实，我们才越有可能盈利。

要根据事实而非信息下判断

普通投资者没有机构投资者那么雄厚的资本，无法请研究人员做研究，是不是就没办法做正确决策呢？

当然不是。巴菲特的伯克希尔哈撒韦公司管理那么多的资产，整个公司的员工只有 25 人。所以决定投资收益的，不是公司研究员的多少，甚至也不是研究的深度。

巴菲特在《聪明的投资者》第四版中的序言里说："成功的投资并不需要极高的智商、非凡的商业洞察力或内部信息，而是需要一个健全的智力框架来做出决策，并且有能力不让情绪侵蚀这个框架。"

而这个健全的智力框架中很重要的一点就是我们要依据事实来下判断，而不是信息或观点。

信息、观点和事实该如何区分呢？

我们还是以油价下跌为例。对于投资者来说，油价下跌是一条信息，利好航空股是投资者根据信息得出的观点，而航空股因油价下跌而产生了业绩和利润的增长，驱动股价形成一段趋势性行情是事实。

我们看到企业公布半年报显示业绩增长 10%，并且已经签订了几个大单，这对企业经营来说是事实，但是对我们的投资来说只是一条信息。紧接着市场分析师分析了一大轮，得出结论：企业今年的业绩会增长 30%，我们也认同这个分析，这是别人给出的观点和我们自己形成的观点。但最终股价并没有一路上扬，反而不断下跌，又或者最终公布的年报显示业绩也没有增长，这是事实。

什么是事实？对投资者来说，股票的实际走势是事实，企业的存货、现金流、账款的变动是事实，业绩的最终确认是事实。而我们认为股价会涨，是我们的主观判断。

价值投资者抓住的是企业基本面变动的事实，屏蔽的是股价波动的干扰。对价值投资者来说，买股票就是买企业，只要企业基本面向好，企业股价最终一定会向好，只需要静待花开就可以了。

技术派投资者抓住的是股价实际走势的事实，屏蔽的是企业基本面跟踪的干扰。对于他们来说，一家好企业一定会用股价上涨来证明企业的好，我们只需要在股价上涨的必经之路上等它到来就好了。

投资者要清楚知道自己依靠什么样的客观事实来做投资决策，要区分主观意识和客观事实，不断根据新的事实来修正自己的主观判断，才能实现稳定盈利。

投资是主观和客观的博弈

投资是一场主观和客观的博弈。当我们的主观判断出错时，客观事实会告诉我们。这时候我们能不能看到客观事实的提醒，能不能真实面对自己，能不能主动否定之前的主观判断且修正它，做出有效的应对，决定了这笔投资的成败。

这些听上去很简单，但在实际操作中却很难。因为人都希望被肯定而不是被否定。人一旦拥有了一个观点，就很难看到相反的事实，即使看到了，也很难否定自己的观点。这一点在本书后面的章节中会进一步讲解。

复盘时刻

1. 投资者需要清楚自己的投资依据的是什么客观事实，要屏蔽的是什么干扰。
2. 在这个世界上获取财富的方式，无非就是不断区分主观意识和客观事实，让我们的主观意识更靠近客观事实。

靠概率护航、以赔率盈利、用频率制衡

一些投资者或者券商可能会向你推荐股票，而且在事后看，80% 的股票都赚钱，每个股票都赚几个点到十几个点，这会不会让你心动，甚至认为投资很容易，只要跟着操作就可以了？

我们来算一下，假设投资本金为 10 万元，交易成功的概率是 50%，失败的概率是 50%。每次成功赚 2%，失败亏 1%，成功和失败间隔出现，一年交易 200 次。最终的投资结果是获得 26.8 万元，盈利了 1.68 倍。

所以哪怕投资命中的概率只有 50%，每次交易成功只是比失败多赚了 1%，最终的投资收益结果也会非常好。

然而这是真的吗？现实中可能发生吗？

答案是不可能。很多事后看上去正确率很高的收益截图，都是因为统计方法的误导，统计的是在这段时间内的最高涨幅，而不是实际涨幅。投资者在实际操作中不可能每一次都卖在了最高点，尤其是在市场中真实面对贪婪和恐惧的时候。

如果有这样一套绝对碾压其他投资方法的策略，早就被发扬光大了，其他的投资方法早就不用存在了。

在投资理财中有一个著名的不可能三角理论，即流动性、

收益性和安全性三者不可同时兼得。这里我用概率、赔率和频率的不可能三角，也可以解释上面提到的投资悖论。没有一种投资方法，既能做到命中概率很高，每次命中都能赚很多钱（赔率很高），又能有很多的交易机会。

我们逐一来拆解这三者的关系。

概率：投资成功的基本盘

投资就是一场概率游戏。但实际上大多数投资者投资命中的概率都低于 50%，哪怕那些能持续赚钱的投资者也一样。从上面的例子中就可以得出结论：哪怕命中成功和命中失败的概率持平，只要赚钱比亏钱多了 1%，在复利效应下投资结果就会很夸张。

股价短期的波动是随机的。如果盯着短期涨跌来做交易，大概率会失败。因为就像抛硬币一样，长久来看只要抛的次数足够多，正面、反面的出现概率为各 50%。但如果看短期的话，可能连续 20 次都是反面。只要发生频繁交易，就一定会遇到连续 20 次交易错误的情况，投资者就会陷入困境。

要提高命中概率，最关键的就是要深入研究股票基本面，或者等市场整体行情比较好的时候才做交易。在行情好的时候做交易，赚钱是最容易的，毕竟水涨船高；在行情不好的时候做交易，怎么折腾都大概率亏钱。

这就好比在风平浪静的时候打鱼，要比天气恶劣时打鱼更容易有收获。

赔率：投资大幅盈利的关键

之前我们说过，大部分投资者的命中概率不到 50%，但这完全不妨碍他们赚钱，因为他们抓住的投资核心是赔率。

要知道市场的波动是不确定的，所以在一个完整的交易体系中，投资者哪怕想要提高一点点投资概率都很难。投资者比较容易实现的是在赔率上面下功夫。

比如巴菲特强调的安全边际，就是典型的赔率思维。价值投资者会在股票下跌、低估的时候买入，未来一旦股票的价值被市场认可，就能迎来转折，实现大幅上涨，投资收益也就提高了。

比如趋势投资者，会一直持有股票，直到一波上升趋势结束。他们不会预设股价会达到多少，哪里是高估区域。只要股票脱离了下降趋势，进入上升趋势甚至突破历史新高，后面的盈利空间就很大，可能会获得数倍的收益。

华尔街的经典名言“截断亏损，让盈利奔跑”就是典型的赔率思维。

频率：制衡投资组合的关键

频率就是交易次数。概率和赔率很容易被察觉，但是频率很容易被忽略。

频率是制约概率和赔率的因素。比如为了保证概率，我只会在上升趋势行情下做交易，在震荡和下跌行情下不做交易。

为了保证概率和赔率，我需要等到市场稳定，且标的股票进入我的能力圈内，出现了买入信号才开始交易，这要求我有极大的耐心，出手次数也会很少。

对于价值投资者亦然。价值投资者需要极大耐心，等待股票下跌进入低估区域才开始买进，所以出手次数也很少。

在投资中减少无效交易，耐心等待投资机会的到来是投资组合制胜的关键。

概率、赔率和频率之间的关系并非孤立的，它们相互影响，共同决定了投资的最终结果。投资者要根据自己的投资体系特征，让这三者在体系内取得动态平衡，并且在日常投资中，时刻注意这三者的变化情况。

复盘时刻

1. 我们需要有一套合理兼顾概率、赔率和频率的交易体系，并且知道体系中主要赚的是哪一部分的钱。
2. 不要因股价的短期涨跌冲昏了头脑，耐心等待，直至概率与赔率均处于最佳状态的甜蜜击球区才挥棒，投资结果一定不会差。

“人生发财靠康波”

著名的宏观分析师，人称周期天王的周金涛老师有一句名言：“人生发财靠康波。”康波全称为康德拉季耶夫周期，是指一个经历了繁荣、衰退、萧条、复苏四个阶段，持续 50~60 年的经济周期。我们每个人一辈子只要抓住一次康波周期就足以达到小康水平了。

康波周期代表的是技术革命周期，另一个跟投资密切相关的是朱格拉周期。朱格拉周期也称房地产周期或产能周期，大约 10 年为一个周期，揭示的是经济链条中产能的变化对经济周期的影响。

中国股市的牛熊周期也跟朱格拉周期差不多，大概 8~10 年有一波牛市，其背后的逻辑是经济发展规律。股市在企业发展周期、货币政策调节周期和投资者心理钟摆效应共同作用下，呈现出周期性的涨跌规律。

橡树资本创始人霍华德·马克斯的著作《周期》对股市周期进行了全面深入的分析。马克斯在书中把周期分成三类九种，包括经济周期、政府调节逆周期、企业盈利周期、投资人心理和情绪钟摆周期、信贷周期等，多种周期叠加形成了股市的周期性。

股市的周期就如图 1-4 一样，有上涨、有下跌，但整体是沿着斜率向上的直线波动的，而这条直线就是经济基本面。因为人类的经济是越来越好的，股市又是优秀上市企业的集合地，所以整个股市也呈现波动上涨的大趋势。

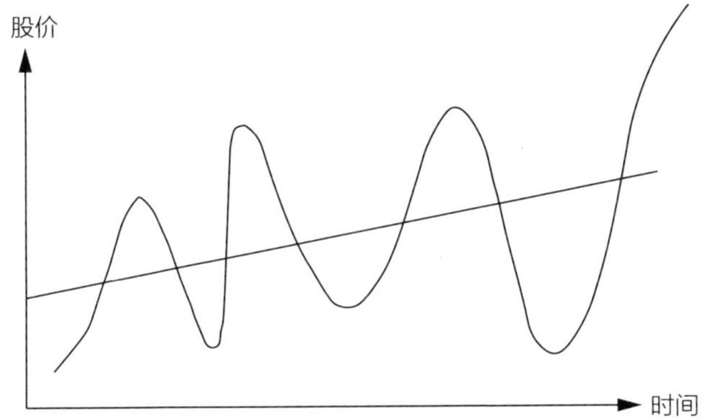

图 1-4　股市周期波动

马克斯在书中说，**周期不会相同，只会相似。**

回顾过去 20 年的市场，不难发现其中暗藏的周期规律。就拿两轮牛市来说，2006 年 7 月到 2007 年 10 月的牛市，上证指数在 15 个月里，从 1500 点一路飙升到 6000 点，涨幅达到 3 倍；2014 年 7 月到 2015 年 6 月的牛市，上证指数短短不到一年，从 2100 点左右迅速涨至 5100 点左右，涨了 1.4 倍。

这就是周期的相似性。两波牛市间隔了约 10 年，上证指数都在一年左右实现快速上涨，然后快速回落。上一波牛市到 2024 年已经过了 10 年，未来一波牛市又会以什么样的方式到来和结束呢？我们拭目以待。

关于周期，马克斯还说，**周期少走中间，多走极端。**经济周期、企业周期、信贷周期、市场周期等向上摆动或向下摆动往往会摆过头，主要因为股票交易是由人完成的，而人的情绪往往会过头，很容易从一个极端走向另一个极端。

所以巴菲特说，投资就是要在别人贪婪的时候恐惧，别人恐惧的时候贪婪，这句话的底层原理就是周期。当情绪或走势达到极端时，必然会被修正，直到走到另一个极端，又被修正。

从周期理论及过去的经验可知，股市的大波动大约每 8 ~ 10 年一个周期，我们每个人这一辈子大概会遇到 3 ~ 4 个周期，只要抓住 1 个，就可以实现小康，抓到 2 个就可以实现基本的财务自由了。

如何识别周期呢?

这时候就需要一些宏观知识了。之前我们说过了股市与经济基本面、货币政策的关系，宽松的货币政策是股市上涨的动力。当经济基本面不好，PMI、PPI、社融数据都不好的时候，整个股市价格基本处于估值历史分位低值的状态，投资者对经济和市场很悲观，这时候就是处于周期底部区域。国家一旦“放水”，很容易就会迎来周期的反转，股价开始上涨。而当股价不断上涨，估值快速拉升到正常甚至高估区域时，经济如果没有及时跟进，就容易引起股市走势掉头向下，甚至形成崩盘。

所以，要识别周期，就要看懂几个关键的宏观经济指标的变化，以及对市场估值进行合理的评估，这样才能在周期大波动里受益。

人生发财靠周期。周期就是我们常说的红利、趋势、天时，抓住周期，猪也能飞上天。投资者最重要的就是平时好好工作，积累本金，好好学习和练习投资，在大周期机会到来之前，一定要耐得住寂寞，一旦大机会来临要勇敢抓住，并顺利获利离场。

复盘时刻

1. 周期具有相似性，周而复始，人的一生注定会经历多个红利周期。
2. 平日练好基本功，耐心等待。等红利周期到来时，抓住机会，获利是很容易的事。

复盘时刻：
为什么说股票投资是简单的？

1 **股票涨跌的决定因素：**股票市值 = 市盈率 × 净利润。股票的长期价格由企业的基本面（利润）决定，短期价格波动则受投资者情绪和预期的影响。价格虽然在短期会偏离价值，但长期来看，价格始终围绕价值波动。这是股票投资最核心的逻辑之一。

2 **股市与经济的关联：**股市被称为“经济的晴雨表”，往往提前反映经济的走势。在经济低迷时，国家推行宽松的货币政策刺激经济，一部分资金流入流动性好的股市，推动股市上涨；一部分资金流入消费和生产领域，刺激经济发展。经济发展又进一步推动股市上涨。当经济过热时，紧缩的货币政策则给经济降温，也导致股市下跌。股市的涨跌不仅受经济基本面的影响，更受到资金流动和投资者预期的驱动。

3 **复利的威力：**复利是财富积累的强大工具，其效果取决于本金、时间和收益。投资者应尽早开始投资，保持收益稳定，不要发生重大亏损，并通过持续的本金投入来增强复利的效果。只要坚持做到以上三点，复利效应可以让任何一个投资者变得富有。投资从来不怕慢。

4 **股市的长期上涨趋势：**长期来看经济是增长的，股市也伴随经济增长而上涨，且其长期收益率高于其他资产类别。尽管股市短期波动较大，但投资者通过长期持有宽基指数可以有效对抗波动，获得稳定的长期回报，享受经济增长的红利。

5 **主观判断与客观事实的区分：**股市运行有其客观规律。投资决策要基于客观事实，而非基于主观判断或市场噪音，要清楚自己的投资体系所依赖的客观事实是什么，不断修正自己的主观判断，使其更贴近市场的客观事实。

6 **概率、赔率与频率的平衡：**投资是一场概率游戏，成功的投资体系需要在概率、赔率和频率之间找到平衡。投资者应耐心等待高概率和高赔率的投资机会，减少无效交易，以提高长期收益。

7 **抓住市场的大机会。**每个投资者一生中都会遇到几次大的周期机会，抓住其中一次，就足以实现财富的显著增长。

核心结论

股票投资的简单，在于其底层逻辑的确定性。尽管市场充满短期波动和不确定性，但长期来看股价由企业基本面决定，股市与经济周期密切相关，复利效应和长期持有能够带来稳定的回报。投资者只需掌握这些核心原理，排除噪声的干扰，耐心等待机会，便能在股市中获得成功。

2

第 2 章

复杂迷雾：数据过载时代如何极简决策？

风险越大，收益越高，很可能是错误的

我们都听说过一句话："风险越大，收益越高"，可是事实真的是这样的吗？如果承担更高的风险就能获取更高的收益，那这还叫高风险吗？

风险和收益的关系，并不是我们想象得那么简单。如果不能意识到两者的关系和在不同场景下的转换，投资者很容易遭受重大损失。我们来看下风险和收益存在什么样的关系。

风险和收益的不对称性

我曾经遇到过一个风险和收益极度不对称的典型案例。

A 企业做得很大，企业的资产和经营情况都没问题。某次有一笔银行贷款要到期偿还，还了后一周内就能重新续贷。B 朋友就借钱给 A 企业老板，约定使用一周。但就是那一周，A 企业老板失联了，因此导致银行款项没有续批下来，其他银行也开始要求偿还贷款，下游客户也在拖欠货款。硕大的企业一年多就倒闭了，B 朋友的几百万元借款也就打水漂了。

企业经营很好，银行续贷资料完善，看似没有任何风险，但万万没想到黑天鹅事件就在 B 借钱的那一周发生了。

我们做的很多投资看似没风险、短期没问题、万无一失，但在你看不见的地方有可能蕴含着极大的风险，本金会瞬间全部损失。最典型的就是类似上述案例的私人借款，你看上别人的利息，别人看上的却是你的本金。

风险和收益，在很多时候存在极大的不对称性。

风险隐藏在收益中

除了不对称性，**风险往往也会隐藏在收益当中**，让人难以察觉。

有两笔投资：A 投资年化收益率 15%，B 投资年化收益率 12%。我相信大部分人都会毫不犹豫地选 A。这也是大多数人买股票和选基金的依据，哪个近期涨得多就买哪个。

但如果增加信息：A 的历史最大回撤是 20%，常年仓位在 100%；而 B 的历史最大回撤是 10%，常年仓位在 50%。你会选哪个？

这时候我们应该选 B，因为 B 只冒了 A 一半的风险，但拿到了跟 A 差不多的收益。也就是说 B 经过风险调整后的收益率比 A 高，整体风险收益比更好。

在做投资决策时，我们要尽量了解每一笔投资的运作原理和风险程度，让躲在收益背后的风险彻底暴露出来，才能去谈收益。

先不败而后战，是众多投资高手的制胜法门。

风险具有主观性

在下跌行情里很多股票处于下跌趋势。对价值投资者来说，低估值位置是极佳的买入区域，是低风险、高回报的区域，他们甚至会越跌买得越多。但对趋势投资者来说，他们会认为处于下跌趋势的股票风险很大，很容易触发系统的止损点而被迫卖出。

相反，在牛市，大部分股票都处于高估区域，对价值投资者来说是高风险区域。但是对于趋势投资者或者短线投资者来说，越是上涨情绪高涨的时候越是风险低、确定性高的时候。

同一个股票，同一个位置，不同的人却产生了截然相反的两种观点，这是因为人们对风险的判断有很大的主观性。

综上所述，**风险具有不对称性、隐蔽性和主观性。**

风险和收益不是简单的线性关系

风险和收益的关系，一定不是简单的对称关系或线性关系。在实际投资当中，它们呈现出的是复杂关系，并且会随着市场环境的变化而变化。

“风险越大，收益越高”这句话本质上隐藏了一个关键因素，即不确定性。

高风险投资带来的可能有三种：高收益、低收益及亏损，高收益只是其中的一种情况。“风险越大，收益越高”这句话让我们产生了框架效应，锚定了高收益这一种情况，让我们忽略了另外两种可能性，容易导致投资者承担巨大的风险，却没有换来合理的回报。

所以，**高风险不一定带来高收益。**“风险越大，收益越高”这句话的正确表述应该是**“风险越大，需要对应的预期收益越大”。**

另外，在熊市末期、牛市初期，市场经历了漫长且大幅下跌。此时市场的估值很低，经济也还没回暖，大家对经济和股票市场都比较悲观。一般投资者觉得风险很大，纷纷抛售股票，但是聪明的专业投资者却纷纷入场，因为他们知道此时是风险最小、收益最大的时候。一旦市场回暖，在货币政策和经济数据支持下，市场将迎来一段很好的上涨行情。所以，**获取高收益未必需要冒高风险。**

获取高收益的关键不在于承担高风险，而是在控制风险的前提下，寻求自身交易体系下概率和赔率的最优解，也就是找到我们自己的甜蜜击球区。当投资机会落入甜蜜击球区的时候，就是我们的“低风险、高收益”时刻了。

真正的高手不是用高风险获取高收益，而是以低风险获取中等收益，以中等风险获取高收益，甚至以低风险获取高收益，而且能稳定持续获利。

复盘时刻

1. 风险和收益具有不对称性、隐蔽性和主观性，投资者很难识别。
2. 高风险不一定带来高收益，高收益未必需要高风险。
3. 获取高收益的关键不在于承担高风险，而是在控制风险的前提下，寻求自身交易体系下概率和赔率的最优解，也就是找到我们自己的甜蜜击球区。

大部分人都是靠运气赚钱，凭实力亏钱

投资中有运气的成分吗？我想大部分人都认为有。不然为什么很多人在股票下跌的时候都会说："哎呀！这次运气太不好了！下次再换一个股票就好了。"可是一旦买的股票上涨了，人们又会归功于自己，认为是自己的投资技术厉害。

股票上涨的时候认为是自己的功劳，下跌的时候归因于运气不好。反正无论怎样都不是自己的责任，这就是大部分人的投资思维模式，也是大部分人应对世界的模式。

股票投资当然存在技术因素。无论技术分析派还是价值投资派，都要付出很多时间打造自己的投资体系和锤炼自己的心态，这些都是技术活。但同时我们也不能否认运气的存在，甚至对大部分投资者来说在多数时候都是运气起主导作用。

大部分的普通投资者没有花时间去学习股票投资知识和锻炼自己的技能，基本都是听别人说哪个股票好就买哪个，或者像我刚开始入市一样，自己随便分析一通，看到哪个股票涨得多就买哪个，完全凭情绪和喜好做交易，这些难道不都是运气因素？

很多人都在股市行情好的时候入市，几乎不会有人在行情不好的时候投资。当股市行情好的时候，股票上涨的概率大于

下跌的概率，很多投资者随便买卖也能赚钱。这时候他们往往会认为投资就这么简单，自己很有投资天分，然后不断加大投入的本金。结果在行情发生逆转后，他们很快就亏了。其实他们最开始赚的钱不是凭实力，而是凭运气，但最终凭自己认为的“实力”把钱亏光了。

投资最大的迷惑之处在于它是一个用错误方法也能短期赚到钱的游戏。

如果投资者没有意识到自己的盈利存在很大的运气成分，而是归功于自己能力很强，短期来看可能不会有太大问题。但假如长期如此，一定会滋生傲慢心理，最终结果一定是掉进更大的坑里。前面运气有多好，后面的坑就会有多大。

投资就像抛硬币，出现任何概率都有可能。

如果我们抛硬币连续 10 次正面朝上，并不会觉得自己有多厉害。但如果我们在股市连续 10 次交易都赚到钱，我们就会觉得自己投资很厉害，很有天分。

这又是为什么呢?

因为如果我们的投资连续赚钱，我们就会相信自己就是“七亏二平一赢”里的那个“一”，我们会相信自己掌握了投资的密码，但并没有意识到我们只是那只撞了连续好运的幸运神猴。

我们之前说过，股价短期波动充满随机性，而大部分投资者做的又是频繁的短线交易，并没有一套完整的交易认知和交易体系。所以对大部分人来说，投资就是靠运气，短线交易中运气的作用之大甚至超出了大部分人的认知。

那是不是代表投资只能靠运气？是不是很多投资者的成功都是运气使然？股神巴菲特是否只是一个连续中了彩票的投资者而已？

对此，巴菲特有过一段解释。巴菲特在 1984 年哥伦比亚大学商学院的一次名为“格雷厄姆 - 多德的超级投资者”的演讲中提到，那些遵循本杰明 • 格雷厄姆和戴维 • 多德投资哲学的投资者获得成功并非因为运气，而是因为他们都来自“智力部落”，他们共同的投资理念是寻找企业整体价值与市场价格之间的差异。

巴菲特的观点表明：短期的市场是无效的，存在价格和价值的差异，短期会有运气成分的存在。但是那些遵循格雷厄姆投资体系，追求长期投资和安全边际的人都获得了“好运气”。

一会儿说投资有很大的运气成分，一会儿又说投资可以主动获得好运气。到底投资是不是靠运气呢？运气的占比是多少？投资者还有没有努力的机会？而这就是投资复杂的地方之一。

投资的难点在于哪怕我们承认存在运气的成分，但我们不知道哪些盈利是运气产生的，哪些是我们做出正确判断产生的，我们也不知道运气什么时候会以什么形式到来。

虽然投资中的运气无法量化和识别，但依我看来，投资赚钱到底是因为运气还是因为技术一点儿都不重要。重要的是我们能够承认运气的存在，且承认它发挥的作用远远超过我们的认知，更重要的是我们要有一套完整有效的投资体系，并且能够用这套投资体系取得长期稳定的结果。

毕竟运气只会影响短期的结果，不会影响长期的结果。坚持做能力范围内的事，碰上好运气的概率也就更大了。

复盘时刻

1. 投资就像抛硬币，任何概率都可能出现。我们无法知道好运气和坏运气会在哪里出现。
2. 投资是一个可以用错误方法也能短期赚到钱的游戏。我们无法知道所赚的钱，有多少是运气成分，有多少是技术成分。
3. 失败的投资者把赚钱的运气归因于自己的功劳。成熟的投资者永远承认投资存在运气成分，并且懂得用投资体系获得更多的好运气。

做一个在市场中随机漫步的傻瓜

你喜欢稳定还是喜欢变化？喜欢确定性还是喜欢随机性？

相信大部分人都会选择前者，因为这是我们在进化过程中获得的本能。在原始社会，基于稳定和确定性，我们的祖先才有更多的机会活下来。

我们在日常生活中，常常下意识地认为世界是相对稳定和确定的，我们习惯周围环境和事物存在某种“定式”。比如我们习惯每天按部就班地生活，习惯每天遇到的人、做的事、走的路都差不多，习惯世界是稳定的。又比如我们常常认为事物只要满足特定的 A 条件，就会得出固定的 B 结果，不满足 A 就得不到 B，这个世界的因果和变化是确定的。

然而当我们尝试打破惯有思维，去观察周围的世界时，就会发现很多常识并不总是正确的，甚至和真相背道而驰。特别是在投资领域，这种反差体现得淋漓尽致。

投资并不是一个凭借简单经验和固定模式就能精准把握结果的领域，它是无数因素共同作用的结果。从宏观的经济形势、政策法规的调整，到微观的企业经营状况、市场情绪的波动等，每一个因素都在持续变化且相互影响，使得市场充满了不确定性和随机性。这就使得我们不得不重新思考应对这种不确定性和随机性的策略和方法，以更好地在这些变数中做出更明智的选择。

对随机性研究得最好的人，我认为是纳西姆·塔勒布。他写过很多本很有名的书，比如《黑天鹅》、《反脆弱》、《随机漫步的傻瓜》、《非对称风险》和《肥尾效应》等，我推荐大家认真看一看。

塔勒布是一位风险认知和管理专家，他通过识别风险赚了很多钱。有个关于他的有趣案例：他担心自己的人身安全，但是他又担心像富豪一样请一堆保镖来保护自己的话，会有保镖不尽责或保镖被收买这些极端风险，所以索性把自己练得很强壮。他的外形看上去很彪悍，很像一名健身教练，以至于你绝对不会将他跟一名投资者挂上钩。这就是他对待风险的态度，尽量识别那些隐藏的、极端的、不对称的风险，然后规避风险，甚至从中获利。

塔勒布认为市场的波动是随机的，风险的出现也是随机的，它们就像一位喝醉了酒的醉汉在随机漫步一样，让人捉摸不透。但人类不喜欢这种随机性带来的不确定感，我们无法承认这个世界在很多时候是不确定的，不存在明确因果关系。我们的大脑需要认知闭合，所以我们会强行替一些事物找到自认为“合理”的解释。

无法承认世界充满不确定性、股票价格波动充满随机性的投资者会遇到两种麻烦的情况：一种是喜欢找解释，另一种是喜欢做预测。

市场每天的上涨和下跌，总有人站出来给出意见，人们也总爱听这样的事后意见。但实际上大部分的事后评判都是先知道了结果，然后根据结果在一堆原因当中找到最能解释的那一条。其他不能解释或相反的原因则被自动过滤了，这就是事后偏见。

投资者接受这样的信息多了，就很容易产生这样一种认知：市场可以预测和解释，自己还在亏钱，一定是因为自己的水平不够。所以他们加强学习训练，试图提高自己的准确预测水平，最终在预测股价波动的路上一去不复返。

大部分人往往都低估了不确定性，高估了自己的掌控能力。

在投资中，我们需要接受的事实是，很多事情的发生并没有明显的原因，它的发生纯属偶然，特别是股票的短期价格波动。股票的短期价格波动就像噪声一样，会极大干扰我们的注意力、情绪和想法，从而让我们做出错误的投资决策。

投资者要想在市场中持续获利，正确的方法是做一个在市场中随机漫步的“傻瓜”。投资者要认识到市场是随机波动、充满不确定性的，要把自己当成一个“傻瓜”，不要预测市场，更不要指望可以掌控它。投资者只需要在市场波动中随机漫步，耐心等待。当市场随机波动到了自己的能力范围内时，才弯腰去捡属于自己的钱。

复盘时刻

1. 股价的波动是随机的、无法预测的，尤其是短期股价波动，很多时候它的波动纯属偶然。
2. 投资者总需要给股价涨跌找出一个理由，这样做会让自己心里更舒服，但这个理由往往都不是客观的。
3. 投资者往往低估了世界和股票波动的不确定性，高估了自己对投资的掌控能力。
4. 投资者要学会放下对确定性的过度执着和掌控欲，做一个在市场中随机漫步的“傻瓜”，只赚能力范围内的“聪明钱”。

富人的钱不都是一分一毫赚来的

之前我们说过，股市大体围绕经济基本面波动，股票价格围绕公司价值波动。从长远来看，这个波动都是趋势向上的，所以投资股市长期来看收益率还不错。但难就难在前途是光明的，道路却是异常曲折的，整个趋势向上的过程中波动不小。

股价涨跌在时间分布上不均匀

《周期》一书的作者马克斯给自己的投资收益率做过一个统计：在 1970 年至 2016 年的 47 年之间，他的投资年化收益率是 10%，以 10% 为钟摆的中点，8% ~ 12% 为正常的波动区间，下跌超 10% 和上涨超 30% 均为钟摆的两个极端区间。

请你猜测一下，47 年间有多少次处于正常区间，有多少次处于极端区间？

真实情况里处于正常区间的只有 3 年，处于极端区间的有 13 年！

同样我们也回测了 A 股的数据情况：

上证指数从 2003 年底的 1497 点到 2023 年底的 2974 点，20 年上涨了 98.7%，年化复利约 3.5%。假设收益率 2% ~ 5%

为正常区间，下跌大于 11.5% 和上涨超过 18.5% 为极端区间。处于正常区间的只有 2 次，处于极端区间的一共有 12 次!

沪深 300 指数从 2005 年底的 923 点到 2024 年底的 3973 点，约上涨了 3 倍，年化复利约 7%。假设收益率 5%~9% 为正常区间，下跌大于 13% 和上涨超过 27% 为极端区间。处于正常区间的只有 2 次，处于极端区间的一共有 10 次!

无论美股还是 A 股结论都一样：市场只有 10% 的时间在正常区间，而 50% 的时间则处于极端区间。相信很多投资者对这个结论都会感到诧异。

我们再来看一个统计数据。

有人做过统计，在 1996 年到 2015 年的 20 年共 4000 个交易日里，如果一直持有标普 500 指数不动的话，回报率是 4.8% 左右。如果你错过了这 20 年中涨幅最大的 5 天，回报率会下降到 2.7%；如果错过涨幅最大的 10 天，回报率变成 1.3%；如果错过涨幅最大的 40 天，回报率变成 −4%。

A 股也不例外。在 1996 年到 2015 年，一直持有上证指数的回报率是 10%。如果错过涨幅最大的 5 天，回报率为 7%；错过涨幅最大的 40 天，回报率变成 −3.8%。

如果你错过了关键上涨的短短几天，回报率就会直线下降。

我们再用实际走势图来直观感受一下。

图 2-1 是近 20 年上证指数月线走势图。可以看到指数大部分时间都在震荡区间，20 年里只有 3 次趋势性上涨，其中两波是牛市，其他时间都是下跌或者震荡。图 2-2 是近 20 年

沪深 300 月线走势图。指数大部分时间也是在震荡或下跌趋势里，20 年时间里只产生过 5 次连续数月上涨的趋势性行情。我们还会发现这些连续性上涨，一般发生在一大波下跌之后。

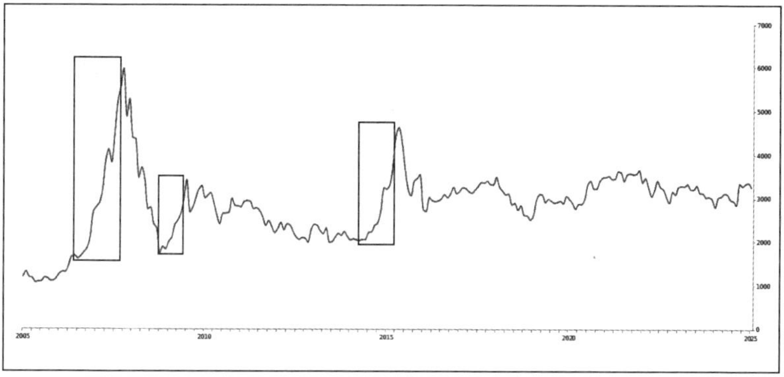

图 2-1　近 20 年上证指数月线走势图

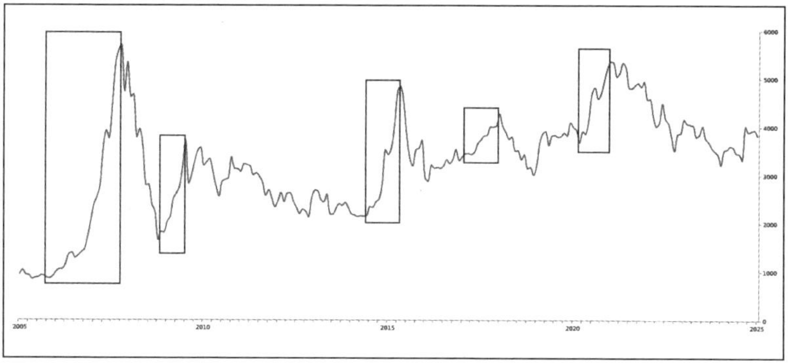

图 2-2　近 20 年沪深 300 月线走势图

我们再来看看一些知名的股票。图 2-3 到图 2-7，分别是中国平安、福耀玻璃、科大讯飞、工商银行、比亚迪股价的日线走势图。它们同样呈现出上涨时间不均匀的情况，大部分情况都是在横盘，只有小部分时间呈现出连续性上涨趋势。

图 2-3　中国平安股价日线走势图

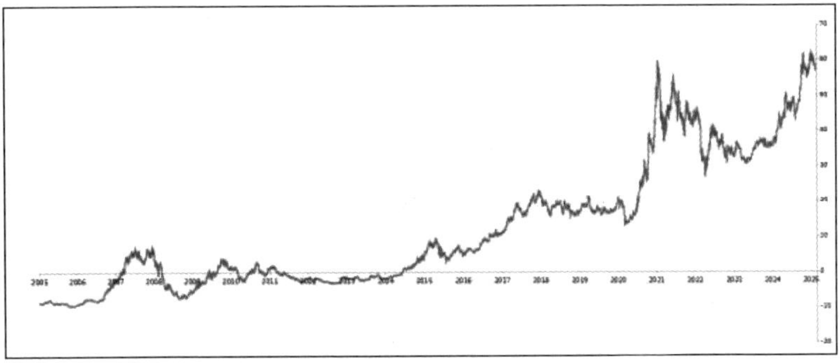

图 2-4　福耀玻璃股价日线走势图

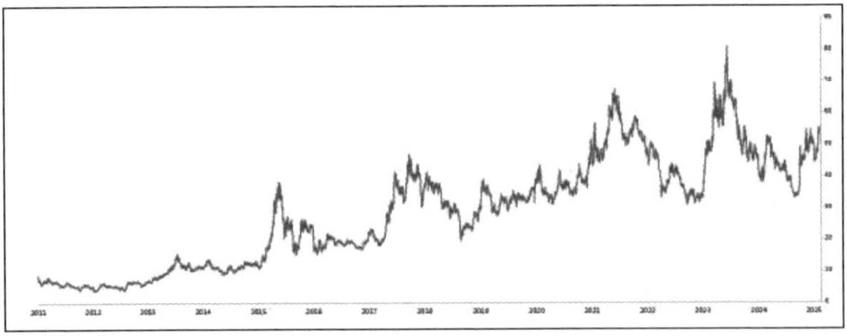

图 2-5　科大讯飞股价日线走势图

图 2-6　工商银行股价日线走势图

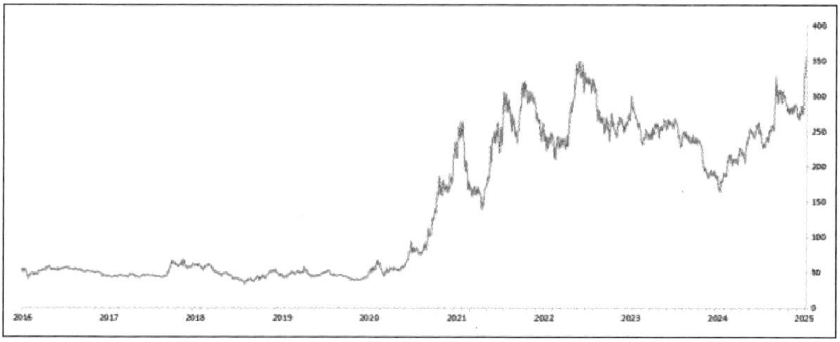

图 2-7　比亚迪股价日线走势图

从上述分析可以看到，无论稳定性的指数还是波动大的股票，它们的价格波动在时间上的分布都是极度不均匀的，大部分时间的涨跌都是无效的，只有少部分时间才会出现连续的上涨行情，甚至很多上涨行情都在一轮下跌后才开启。收益在时间上的非线性分布，给投资者造成了很大的困难。

股票收益在投资组合中分布不均匀

正如上面所说的股票非线性波动一样，世界上很多事物也体现了非线性的发展规律。

迪士尼在20世纪30年代中期创作了400多部动画片，但都没有获得成功。直到《白雪公主和七个小矮人》的出现改变这一切。这部电影给当时迪士尼赚的钱比过往所有电影还多，迪士尼从此还清了所有债务，开始脱胎换骨。

还有很多类似的事件驱动世界的发展，比如福特汽车的流水线生产将人类从马车时代拉进了汽车时代；爱迪生发明的电灯使人类从煤油时代进入电气时代；电脑让人类从工业时代一下迈入了信息化时代。

少数几件事决定了主要的结果，这就是尾部事件驱动一切的力量，在投资中也存在这样明显的规律。

在伯克希尔-哈撒韦公司2013年的股东大会上，巴菲特表示自己一生中持有400～500只股票，而收益中的大部分来自其中的10只。查理·芒格接着说："如果去掉几笔顶级投资，公司的长期业绩表现其实相当普通。"

不仅巴菲特，如果我们回顾自己投资组合的收益表现，也会发现同样呈现这样的非对称性。

以上这么多案例说明了什么呢？

我想表达的观点是真正的投资情况并不像大部分人想象中的那么风平浪静。事后看我们会觉得很简单，结论显而易见，但是当身处其中的时候，你根本不知道自己处于哪一段行情当中，也不知道组合中的哪只股票会涨。

对最终结果来说，股市大部分时候的波动都是无效的，投资者做的大部分操作也都是无效的。但关键是我们根本不知道哪些有效，哪些无效。所以投资者的耐心和大局观就显得尤为重要。

耐心是所有成熟投资者的共同特征。

对于趋势投资者来说，他们会耐心等待流畅上涨行情的到来。在下跌和震荡趋势中，他们会把组合的仓位控制在低仓位下。一旦上涨趋势确立，他们会立马提升组合仓位跟进。在上升趋势没有到来之前，他们会耐心等待。

对于价值投资者来说，他们有一个经过基本面筛选的股票池，一旦有股票跌落到低估区域，他们就会买进，然后耐心持股，直到一轮上升趋势把股票推进高估区域才会卖出。在股票没有进入高估区域时，他们会耐心等待利润的到来。

投资中的财富并非靠一分一毫线性积累，80% 的钱都是在 20% 的行情里赚到的，80% 的钱都是在 20% 的股票上赚到的，这就是投资的非线性。投资的难处在于，我们并不知道这 20% 到底什么时候发生，会在哪里发生，所以我们要时刻在市场中保持耐心，才能抓住这些机会。当闪电劈下来时，你要确保在场。

复盘时刻

1. 投资收益的分布不是线性的，投资组合的收益集中在 20% 的时间和 20% 的股票当中，但我们很难知道这 20% 什么时候出现、在哪里出现。

2. 没有人能够在每个阶段都赚钱。期待每个时刻都赚钱，没有耐心等待 20% 重大收益出现的人终将无法赢得投资的胜利。
3. 耐心是所有成熟投资者的共同特征。只有时刻在场，耐心等待机会，才能斩获重大关键收益。

不是市场不理性，是我们不理性

传统经济学中有一个很重要的假设——理性人假设。传统经济学假设人都是理性的，会根据各种信息做出最合理的选择。但是近几十年来，随着行为经济学的兴起，很多传统经济学无法解释的现象都得到了合理的解释，而这些现象背后的原因都指向一个方向，人不是绝对理性的。

正因为人并非绝对理性，所以人们在面对股市大幅上涨或下跌时，会分别呈现出贪婪和恐惧。人们认为市场会一直这样，而不会认为市场即将转换走势，终将实现价值回归。所以每一轮的大幅上涨都容易以暴跌收尾，每一轮大跌后也会出现暴力反弹。

人类的非理性特性也是金融危机频发的重要推手，尤其是全球经济加速融合和发展的近代，有越演越烈的趋势。

我们来看一下历史上比较有名的金融危机事件是如何发生的。

17 世纪 30 年代，荷兰郁金香事件被称为世界上第一次金融泡沫。郁金香传入西欧后，由于数量有限，价格昂贵，成为了上层阶级的象征。人们开始囤积炒作郁金香，导致其价格短时间内大幅上涨，一些罕见郁金香种球的价格甚至飙升到一个普通工人几年的收入。1637 年初，郁金香市场突然崩溃，6 个星期内郁金香价格下跌了 90%，许多人因此倾家荡产，这场崩盘对整个荷兰经济造成了重大影响。

1720 年，英国发生了金融危机，南海公司通过发行股票来偿还政府债务。公司股价在短时间内飙升，从 1720 年 1 月的 128 英镑飙升至 6 月的 1050 英镑，涨了 8 倍多。最终泡沫破裂，造成严重的经济危机，许多投机者一贫如洗。

在 20 世纪 80 年代，由于货币和财政刺激计划，日本股票和城市土地价值在 1985 年至 1989 年间增加了 3 倍。1991 年泡沫破裂后，日本进入了通货紧缩和经济增长停滞的十年，被称为“失落的十年”。1995 年，由于未经授权的日经股指和利率期货交易产生巨额亏损，拥有 233 年历史的巴林银行最终倒闭。

近二三十年随着全球一体化和互联网的发展，市场泡沫更有越演越烈、越来越频繁的趋势。21 世纪初的互联网泡沫下，互联网相关公司股价飙升，很多没有盈利的公司也被过度炒作，最终泡沫破裂；2008 年美国的次贷危机引发的全球金融危机，导致信贷市场冻结和全球经济衰退；2017—2018 年比特币和其他加密货币价格飙升，随后又大幅下跌，很多投资者遭受严重损失；2020 年疫情影响下出现负油价，挂钩国际原油期货的原油宝产品产生较大亏损。

历史不会简单重演，但却总是惊人相似。市场是由人参与的，有人的地方就有江湖，人性的非理性导致了市场的非理性，最终催生了各种泡沫。

这也是 A 股的波动要比美股大的原因。因为 A 股 80% 以上都是个人投资者，这个比例比美股市场多得多，个人投资者的情绪钟摆加剧了市场的波动。

人性对交易的影响是巨大的。

人是群体性的动物，当情况复杂或不明时就会变得焦虑。为了摆脱焦虑，人们会自然而然地依靠他人的观点和模仿他人的行为。当越来越多人这样做的时候，市场就会形成统一趋势，这种趋势又会反过来强化人们的认知和行为，从而导致非理性疯狂，直到最终崩塌。

金融市场从来都不是一个简单的系统，而是一个综合了经济、政治、人性的战场。而无论经济、政治等都与人相关，所以人就是这场战争中最大的变量。

很可惜的是我们很难觉察人性对交易的影响。毕竟人性有一部分是人类进化过程中赖以生存的生物本能，也有一部分是多年来社会环境铸造的潜意识，而这两者都很难被觉察。

关于人性对投资决策影响的论述，查理·芒格有一篇非常著名的文章《人类误判心理学》。文章列出了人类的 25 种导致投资失败的心理误区和认知偏差，也正因为这些心理层面的因素，导致人类在投资时出现很多非理性的行为。这块内容我们在第二篇详细讲述。

成熟的投资者是克服人性的高手，他们都有一套完善的交易体系及心理管控体系。通过交易体系来控制风险和做出合理决策，避免人性的影响。但是大部分不成熟的投资者只会任由市场涨跌来掌控他们的情绪和决策，失败了就怪市场不成熟，从来不在自己身上找原因。这也是投资最难但又最吸引人的地方。

所以，**不是市场不理性，是我们不理性罢了。**

复盘时刻

1. 人不是绝对理性的，人的一致性情绪会推动市场往极端方向走，直到崩溃重来。
2. 人是投资中最大的变量。人性很难被估量，人性对投资结果的影响是巨大的。
3. 没有不成熟的市场，只有不成熟的投资者。投资者只有克服了人性，才能真正掌控投资。

掌握的信息越多，越做不好投资

如果你要买一台手机或电脑，你是不是会对比参数，或者问问身边的技术男？如果你要选一家餐厅招待朋友，你是不是会上大众点评，看看各种评论，看看大家推荐哪个菜，餐厅评分怎么样？如果你要跟朋友去旅游，你是不是会上网做各种攻略，看看哪条线路合适，哪家酒店和餐厅比较好？

当人们要做一个决策，而这个决策又很模糊、很陌生的时候，我们会希望收集尽量多的信息。信息越多，我们会认为越容易掌握事物的全貌，更有助于我们把决策做对，我们的内心也会更有安全感。

在投资中我们也会出现类似的情况。当面对投资的不确定性时，我们的第一反应通常是去寻找更多、更好的信息。比如上论坛或股票软件看股票的各种消息和研究报告，问身边“懂行”的朋友买哪只股票比较好等。我们总是期待能够通过收集更多信息，让我们更清晰地预测股票未来的走势，获得更好的投资结果。

“信息越多，决策越正确”似乎已经成为我们的普遍共识。

但事实真的是这样的吗？

在上述案例中，有没有可能你对比的所有手机参数，都不是影响你决定的最重要因素，而最终你仅仅是因为这台手机更好看而下单？有没有可能网上关于餐厅和酒店的评论都是商家刷的？有没有可能你问的这位对股票很有研究的朋友，他也只是在别人推荐下买的股票，只是靠运气赚钱的？

我的答案是，都有可能。

这个世界本来就不是确定的，不是非黑即白、从 A 点就一定可以到达 B 点、只要收集 ABCD 就一定可以变出 E 的世界。投资更不是你掌握的信息越多就越容易成功的游戏，否则每个学霸都是投资大神了。

关于掌握的信息多少和预测成功率的关系，《制胜决策力》一书中做了一项很有意思的研究。作者招募了一些经验丰富的赛马评磅员（类似股票分析师），请他们预测多场比赛的结果。第一场比赛，他们可以在马匹表现图表上任意选择自己想知道的 5 条信息，第二场可以选择的信息翻倍到 10 条，第三场翻倍到 20 条，第四场翻倍到 40 条。最终的研究结果是，这些专家在四场预测中的准确率并没有太大差别。由此可知，获得更多信息并没有让预测结果变得更准确。

作者同时测试了这些专家对自己预测的信心，结果显示，随着可获得信息的增加，评磅员的信心稳步增强。

信息的多少，改变的是人们的感觉，而不是实际表现。

正是因为这种“掌控一切”的感觉，让我们的大脑很爽，就像注入了兴奋剂一样。我们的大脑每摄入一条跟自己想法一致的信息，就会被刺激一次，以至于我们甚至会主动去寻求信息的“安慰”。

在互联网极度发达的今天，我们确实很难屏蔽信息的摄入，或多或少都会受到很多相关信息的干扰。普通投资者没有时间和精力，没有形成自己的投资体系，没有辨别信息和处理信息的能力，当面对过载信息时，就很容易做出错误的投资决策。

今天你听说某人最近买了某个股票赚钱了，然后马上跟风买入；几天不涨后，看到新闻说某个行业或股票出了利好消息，立马换股；没等几天还没赚到钱，看到某个股票跌了50%，某大 V 说立马就会反弹，所以又换股……

频繁接收信息、频繁交易，这是大部分人进行投资的真实写照。

还有一种投资者，他们并没有频繁交易，但会企图不断用信息来证明自己的交易是对的。比如当他花了很多时间分析并买入一只股票后，他会格外关注这只股票的信息，哪怕股票走势跟他预想的不一样。买入后一路下跌，他也会去找尽量多的信息来支撑他原有的决定。他会给自己找证据，证明下跌只是暂时的，很快就会涨回来。这种为了证明自己的结论而去找相应证据的投资行为，最终结果只能是被深深套住。

那到底接收多少信息，怎么接收才是对投资有帮助的呢？

其实投资成功的关键不在于掌握了多少信息，而在于这些信息对于我们的投资体系是否有效，以及我们的投资体系处理这些信息的能力。

每个投资者的投资体系都不一样，他们对信息的需要维度也不一样。价值投资者需要获取的是企业经营和整个产业链相关的信息；趋势投资者需要获得股票和市场走势的量价语言及股票走强的驱动逻辑。

成熟的投资者会在一堆复杂的信息当中，剥离不真实、不需要的主观噪声，找出自己需要的、重要的客观事实和数据。用自己的交易体系来过滤和整合这些客观信息，最终形成交易决策。

就像我自己做趋势投资一样，我主要依据的客观事实只有一条：股票的走势在不断走好，甚至价格不断创出阶段性新高。因为市场的股票太多了，每天充斥着大量的信息，所以我会主动屏蔽这些信息的干扰，每天只盯着那些股价走出上升趋势且不断创出阶段性新高的股票。如果一只股票真的很有价值，是一只大牛股，那么它的股价一定会不断上升。我只需要把网编织好，在它上升的必经之路上等着它的到来就好了。很多时候我都会同时网到同一个板块的一批股票，这时候我就知道发挥我赚钱能力的时刻到了。

只有走出上升趋势创新高的股票，才会进入我编织的网中，我才会去分析其基本面数据。对于我的交易体系来说，股价走势是第一层客观信息，用于筛选交易标的。行业和企业基本面是第二层客观信息，用来优中选优或佐证交易。第二层信息绝对服从第一层信息。哪怕很多分析师说一只股票的基本面好，以后一定会大涨，都不会影响我的判断，只要它的走势不好，我都不会买进。这就是我的交易系统有意识摄取、筛选、整合信息的过程。

同样，为了更大限度减少信息和环境对我投资心境的干扰，我还模仿了巴菲特远离闹市的选址策略。巴菲特把办公室设在了他的故乡奥马哈，一个远离华尔街的美国中部城市。而我也没有像大部分金融公司一样把办公室设在高大上的写字楼，而是设在了一个不靠近市中心繁华地段，楼下有很大公园可以散步的园区，这么做就是为了让自己的心不被金融的灯红酒绿所干扰，让自己保持一颗平静的赤子之心。

复盘时刻

1. 信息的多少，改变的是人们的感觉，而不是实际表现。
2. 信息越多，反而越容易让投资者产生认知偏见。
3. 投资者需要的不是更多的信息，而是与自己交易体系相匹配的有效信息，以及处理有效信息的能力。

复盘时刻：为什么说投资是复杂的？

1 **风险与收益的非对称性：**风险具有不对称性、隐蔽性和主观性，投资者往往难以准确识别和评估风险。风险与收益的关系并非简单的线性关系。在实际投资中，高风险并不一定带来高收益，要获得高收益也不一定需要承担高风险。真正的投资高手并非通过承担高风险来获取高收益，而是寻找风险收益比最佳的投资机会，在风险可控下实现相对高的收益。

2 **运气在投资中的作用：**许多投资者在行情好的时候赚到钱，归功于自己的“实力”，而在行情不好时亏损则归咎于“运气”。投资存在大量的运气成分，投资者很难辨别哪些收益是“实力”带来的，哪些是“运气”带来的，但长期的投资成功并不可能完全依赖运气。投资者要做的是承认运气的存在，并通过体系化的投资方法来增加获得“好运气”的概率。

3 **市场的不确定性与随机性：**市场短期的价格波动充满了随机性和不确定性。投资者常常高估了自己对市场的掌控能力，低估了市场的不确定性。成功的投资者需要接受市场的随机性，避免过度预测和解释市场波动，要做一个在市场中随机漫步的“傻瓜”，耐心等待，一旦市场进入自己的能力圈，就果断出手，抓住属于自己的机会。

4 **收益的非线性分布：**投资收益在时间和投资组合中的分布是高

度不均匀的。市场在大部分时间都处于无效波动中，只在少数时间出现大幅上涨。同样，投资组合中的大部分收益往往来自少数几只股票。但我们并不知道这些收益会集中在哪里出现，所以投资者需要保持耐心，坚持长期主义，才能在关键时刻抓住收益大幅增加的机会。

5 **人性的非理性与市场波动：**市场是由人参与的，而人并非完全理性。贪婪和恐惧的情绪会推动市场走向极端，导致周期性泡沫和崩盘的出现。投资者的非理性行为加剧了市场的波动，尤其是个人投资者占主导的市场更会因为非理性因素引发崩盘。成熟的投资者需要通过完善的交易体系和心理管控来克服人性的弱点，避免情绪化决策。

6 **信息过载与投资决策：**更多的信息并不一定带来更好的投资决策。信息的增加往往会让人产生“掌控一切”的错觉，但实际上信息的质量和相关性更为重要。投资者需要根据自身的投资体系，筛选出真正有效的信息，专注于客观事实，避免被大量无关的噪音干扰。

核心结论

股票投资的复杂性在于其充满了不确定性、随机性和人性的非理性。风险与收益的关系并非简单的线性关系，运气在短期波动中扮演重要角色，而市场的波动和收益分布也呈现出高度的非线性。投资者需要接受市场的不确定性，避免过度依赖信息和预测，而是通过完善的投资体系和心理管控来应对复杂的市场环境。只有克服人性的弱点，保持耐心，才能在复杂的市场中实现长期稳定的收益。

Part Two

第二篇

心理博弈

3

第 3 章

思维偏见：为什么你总是非理性

禀赋效应：我的就是最好的

俗话说情人眼里出西施。当我们喜欢上一个人的时候，我们眼里看到的全是他的优点，会无意中忽略他的很多缺点和行为问题，哪怕这些问题在别人眼中很严重。我们甚至会倾向于保护他，给这些缺点找到“合理”的理由。

人们在面对一份感情的时候，往往用感性而非理性来做判断。

那在股票投资领域呢？股票投资的对象是一只股票，它不是一个有感情的人，只有各种各样冰冷的数据，人们又会不会对其研究和买入的股票产生感情，从而做出非理性的投资决定呢？

先别着急回答，我们来看两个著名的试验。

第一个试验：一名大学教授从学生中随机选出 3 组，让他们填写一份很无聊的表格后，作为感谢分别送给每人一份礼物。第 1 组送的是一个带有大学图标的咖啡杯；第 2 组送的是巧克力；第 3 组是对照组，可以自由选择要咖啡杯还是巧克力。然后教授建议第 1 组的同学可以用咖啡杯换巧克力，建议第 2 组的同学用巧克力换咖啡杯。结果这两组 90% 的人都保留了原来的选择，只有 10% 的人愿意换。第 3 组自由选择的同学，分别有 56% 的人要了咖啡杯，44% 的人要了巧克力。

另一个试验是诺贝尔经济学奖获得者理查德·塞勒做的。他把学生分成 3 组，第 1 组的任务是卖掉一个咖啡杯；第 2 组的任务是买一个咖啡杯；第 3 组是对照组，可以自行选择拥有一个咖啡杯或得到同样价格的一笔钱。然后让 3 组人分别给咖啡杯标价，结果是第 2 组学生估价的中位数是 2.87 美元，这和第 3 组可以自由选择的学生估价的 3.12 美元非常接近，而第 1 组学生的估价中位数为 7.12 美元，比另外两组高出一倍多。

这两个试验都说明了人一旦拥有某个物品，那么他就会对该物品赋予比实际更高的价值。就像我们的很多旧衣服哪怕不再穿了，但是又舍不得扔，最终衣服堆积成山。

商家有时候也会利用我们的这种心态，让你把商品带回家使用一段时间，不满意再无条件退回。可是一旦你带回家，甚至还用了几次，那这件东西大概率就会永远留在你家了。

这就是禀赋效应。**人们在一项事物上投入的时间和感情越多，就越容易高估它的价值，以及不舍得与它分离。**禀赋效应和很多其他心理偏差共同影响着我们的投资决策。

禀赋效应会让我们对自己的股票抱有很高的期待。当人们持有一只股票的时候，潜意识会认为这是一只好股票，我们的信心会大增，内心会不由自主地幻想这只股票能给我们带来好的收益。即使股票暂时的表现不尽如人意甚至产生亏损，我们也愿意一直持有它，最后的结果可能就是被套很长一段时间。

禀赋效应会让我们只看到我们想看的信息。当我们通过大量分析并持有了一只股票时，它就仿佛变成了自己的企业。你会关注有关它的各种信息，而且会尤其关注那些支持自己决定的“好消息”，自动过滤否定自己决定的“坏消息”。因为人的本性是离苦得乐，每看一条“好消息”，大脑就兴奋一次。每看一条“坏消息”，大脑就伤心一次。当我们不断寻找“好消息”来佐证自己决定的时候，我们很可能已经忽略了有效信息，离客观事实越来越远了。

禀赋效应会让我们倾向于不作为。心理学研究表明，当人们面对损失或面对众多选项时，为了不去承担主动作为所带来的损失厌恶感，人们倾向于不作为。尤其当我们在股票上投入了时间和感情时，哪怕这只股票的走势与预期相反，我们也很难做出卖出的决定，因为卖出就意味着我们否定了自己之前的决定，意味着我们要去面对损失和未来的不确定性，这些都会让我们很难受。

禀赋效应无处不在，只要我们拥有一个东西，就会无意识对其产生禀赋效应。尤其在投资中，在一个股票上投入过大量研究精力或曾经赚过钱，禀赋效应就更明显。

投资者要时刻警惕禀赋效应的影响，要有一套严格的决策体系，合理区分主观认知和客观事实，区分主要和次要因素，才能让投资更理性、可控。

复盘时刻

1. 禀赋效应容易让投资者对持有的股票产生过度偏爱，从而产生不合理的预期、不全面的认知，以及不作为的情况。
2. 禀赋效应无处不在，很难觉察，很难避免，投资者要时刻用理性的决策流程来检视禀赋效应的影响。

沉没成本：我不能让过去白白浪费

我们先来做三道选择题。

题目一：你支付了50元看一场电影，但是看了一半发现很无聊、不好看。此时你会怎么做？A：继续看完；B：马上离开。

题目二：你们全家得到了一张心仪已久的门票，票价500元。但是不幸的是比赛当天刮大风下暴雨，你还是可以去看比赛，只是可能会塞车，并且影响你的观看体验。这时候在哪种情况下，你会更可能去看比赛呢？A：这张票是自己买的；B：这张票是别人送的。

题目三：你们一家人可以去看心仪已久的演唱会了，当天下了暴雨，在以下哪种情况下你们会更愿意去看？A：这场演唱会你们期待了一年；B：这场演唱会你们期待了一个月。

我想大部分人上面三道题目都会选A。

传统的经济学假设人是理性的，认为人们在决策中会考虑现在和将来的成本与收益，而过去的成本不会成为考量的因素。但事实正与此相反，人们在做决策时总是习惯性地将过去的、已经无法挽回的成本考虑进去。这就是沉没成本对我们的影响。

沉没成本有两个主要影响要素：一个是大小，另一个是时间。我们的沉没成本越大，发生的时间离我们越远，我们就越难摆脱沉没成本的影响。

在投资当中，我们对股票投入的研究精力、持有的时间、股票的原始价格，都会对我们的投资决策产生影响。

我们花了很多时间研究一只股票并买入，但是它在不断下跌，甚至跌破了股价支撑位，走出了一段明显的下降趋势，此时我们有三个选择：

1. 继续持有，祈祷股价回到我们的买入价格；
2. 卖出并持有现金，等待更好的投资机会；
3. 卖出，并立马买入更好的投资标的。

从理性上分析，选择 2 和 3 都是理性的，但大部分投资者都会选择 1。因为沉没成本的影响，投资者会倾向于继续持有亏损的股票，尤其是这只股票经过了自己大量的研究。他们其实也不知道股票价格什么时候会重新涨回到买入价，甚至也不确定会不会涨回来，他们只是担心卖出后，股价马上反弹，他们害怕那种损失感和懊悔感。

但事实上，股价的短期波动是随机的。此时卖出，股价有可能上涨，也有可能下跌，这些我们都不知道，也无法控制。但是我们知道的是如果不卖出，股价继续下跌，我们就会更被动，以后股价需要上涨更多才能回本。如果卖出后股价反弹，我们还有机会重新买进，无非就是少赚了一点。用这一点可能的收益来换取更大的确定性，一点也不亏。

投资者很难跟自己的人性做抗争，所以要让投资者忽略买入价格和亏损，果断卖出股票是很难的。

此时我们可以问自己一个问题：如果现在没有持有这只股票，还会在这时候买进吗？如果你的答案是否定的，那么你就应该卖出。

我们投资的是未来，而不是过去。过去已经发生的且不影响股票实际走势的事实，不应该成为我们做决策的阻力。我们所有的决策都应该基于股票的客观事实及对未来的走势而做出的判断。

复盘时刻

1. 沉没成本让投资者的思维一直关注过去，关注损失，影响了投资者做出合理的决策。
2. 过去的就让它过去吧，投资者应该着眼于未来做决策，而不是过去。

启发性思维：事实一定是这样的

我们先来做两道题。

题目一：托尼的个头很高，衣品很好，头上经常戴着一副大耳机，嘴上哼着古典音乐的旋律。请问托尼更可能是在银行工作，还是钢琴家？

题目二：当你要逛街时，决定要不要进入一家餐厅吃饭，你是会选择从外围看这家餐厅的环境卫生程度，还是问在餐厅吃完走出来的人？

大部分人题目一都会选钢琴家，题目二都会选择根据餐厅环境卫生程度来做出判断。

但更正确的选择应该是题目一选在银行工作，题目二问餐厅里面出来的人。因为在银行工作的人数比钢琴家多得多，而问从餐厅吃完出来的人更客观。

为什么大部分人都会做出非理性的选择呢？

其实这种思维模式跟人类的大脑演化有关。人类祖先在野外生存时，需要面对各种野兽等恶劣因素的威胁，他们需要时刻保持警惕，一旦发生疑似危险，立马选择逃走或战斗。

人们在面对复杂或困难的决策时，在面对风险和不确定性时，经常会运用简单的经验法则，从而解决问题和做决策，以此简化任务，降低大脑的能量消耗。

这种运用简单法则来做快速决策的思维，心理学上叫启发性思维。

题目一和题目二分别代表了两种典型的启发性思维。题目一代表的是代表性偏差，人们会基于某方面相似的特征而轻易做出对整体的判断。题目二代表的是可得性偏差，人们会根据过往的相似经验而轻易做出新的判断。

启发法是一种心理捷径，符合生物本能，在我们日常生活中每天都会发挥作用。它就像诺贝尔经济学获奖者、行为金融专家、畅销书《思考，快与慢》的作者丹尼尔·卡尼曼在书中所说的直觉系统 1 一样，这个直觉系统每天都在帮我们做快速判断，从而使我们更好地生存和繁衍。

比如我们开车忽然遇到一个小孩冲出马路，直觉系统 1 能帮我们迅速判断有危险，并马上做出刹车行动，而不用经过反思系统 2 去思考分析一轮再做出反应。

启发性思维对人类生存帮助很大，但在投资中就未必了。

代表性偏差会让投资者陷入类似以下的交易误区：看到 A 公司股价在近期涨了很多，B 公司经营的业务跟 A 公司差不多，所以会认为 B 公司股价也会上涨；看到别人通过某个方法在股市赚到钱，认为自己也能通过这个方法赚到钱；这个公司的业绩很好，营业收入和净利润增长率都很好，所以买入这个公司的股票就是一笔好的投资；看到基金经理的学历好、长相斯文，就认为他的股票投资收益一定不错。

可得性偏差会让投资者陷入类似以下的交易误区：之前在

某个形态股票上赚过钱，这次遇到类似的走势，认为也可以赚到钱；上次大盘跌到 3000 点就迎来反弹，认为这次到 3000 点也会迎来反弹；上次金融危机发生时，政府实行救市，这次也一样会救市；这两年小盘股涨得比大盘股好，今年也一定会这样。

我们都知道个体不能代表整体，历史不能代表未来。但是在投资中，我们却很容易犯这样的错误。这是因为投资充满了不确定性，影响投资结果的因素实在太多了，每个时刻、每种因素所发挥的力量都不同。投资者无法完全依赖过往的经验来指导现在的投资，很难把握确定性的法则。人类天生不喜欢思考，有趋易避难的天性，所以大部分人只采用更简单的启发性思维来完成投资决策。

过分运用启发性思维的投资者，最大的问题就是忽略了概率思维和客观事实，让直觉主导了观点，从而影响了投资决策。投资者要综合考虑问题，不要简单归因。

复盘时刻

1. 我们大脑的生物本能会在大部分时候优先做出直觉性的选择，这样的选择有利于我们的繁衍生存，但这样的快速决策却缺乏深思熟虑。
2. 启发性思维在投资中会让投资者过度使用主观观点，偏离客观事实，从而影响投资决策。

框架效应：我只能看到我想看到的

有这样一个笑话，一个不会游泳的吝啬鬼掉进河里。好心人在岸边喊道："快把你的手给我，我拉你上来！"但吝啬鬼没把手给他。直到有人说："我把手给你，我拉你上来！"吝啬鬼才把手伸给岸边的人。

不同表述，让吝啬鬼做出不同行为反应。生活中也有很多类似情况，不同描述导致人们产生不同的判断。比如：标注含80%瘦肉比标注含20%肥肉更好卖；90%手术成功率比10%手术失败率更让人觉得医术高明、安心。其实它们所表达的意思一样，只是换一种更积极的表述方式，人们就更易接受，进而影响人们的决策。心理学家将此称为框架效应。

关于框架效应，最广为人知的典型案例是诺贝尔经济学奖获得者丹尼尔·卡尼曼所做的试验。

假设美国正经历一场罕见疾病，可能造成600人死亡。为应对这场疾病，有两个方案。

方案A：会有200人获救。

方案B：有1/3的可能性是600人全部获救，有2/3的可能性是600人全部死亡。

你会选哪一个？

现在改变一下方案，还是同样的疾病，下面两个方案 C 和 D，你又会选哪一个？

方案 C：400 人会死亡。

方案 D：有 1/3 的可能性是无人死亡，有 2/3 的可能性是 600 人全部死亡。

仔细看会发现，方案 A 和方案 C 是同一方案，方案 B 和方案 D 也是同一方案，只是表述不同。理论上若没有语言描述的影响，两组方案中选 A 和 C 的比例应一致，但在这组试验中差异明显。

方案 A 和 B 采用的是正面描述框架。在考虑拯救生命时，大多数人并不想承担风险，希望追求确定性，所以 72% 的人选择方案 A，28% 的人选择方案 B。

方案 C 和 D 采用的是负面描述框架。在面对失去生命时，大多数人更愿意承担风险，希望赌一把，所以 78% 的人选择了风险更大的方案 D，22% 的人选择了确定性的方案 C。

两种不同的语言描述框架，让人们做出了两种截然相反的选择。很明显，语言框架会极大影响人们的决策。

很多投资产品深谙此道。在产品宣传时，商家会把希望用户看到的信息放得很大，放在很显眼的位置，做出绚丽的海报，标上诱人的收益率或做成排行榜，一切都是为了让用户觉得产品很厉害。很多产品在宣传收益率时，也会用更正面、更积极的描述方式"框住"用户。比如在产品业绩跑赢市场时，就大大地写上收益率是多少；在市场下跌，产品亏损时，就说跑赢市场多少，而不说产品实际亏损多少。

这些正面描述都是为了使投资者在投资公司划定的框架里思考，从而影响投资者的决策。我们看到的都是别人希望我们看到的信息，如果我们缺乏经验、没有冷静判断的能力，就很难跳出被划定的框架。

不仅外部信息很容易给投资者设定思维框架，投资者也很容易在心中给自己设定框架。

投资者常常在心中将股票简单地分为不同类别。比如将传统的央国企、银行等大型上市公司一概视为稳健但收益缓慢的品种，而把中小市值股票看作波动大、风险高却可能有高回报的代表；或者简单在心中把股票分为好股票和坏股票，认为好股票低风险、高收益，坏股票高风险、低收益。这种人为分类会让人混淆风险和收益的复杂关系，从而做出错误投资判断。

其实不仅投资，日常工作和生活中也存在很多思维框架，有些是外界强加的，有些是我们自己设置的。世界是复杂的，事物是无常的，我们必须识别一切框架的存在，要有勇气和能力去破除那些限制我们的框架。如此，我们才能在认知和行动上保持正确性，不断取得进步。

复盘时刻

1. 几乎所有投资产品都会用框架思维引导用户，在选择产品时要跳出对方划定的框架看本质。

2. 思维框架无处不在，有些是别人故意强加的，有些是约定俗成的，有些是我们自己给自己划定的。
3. 投资者要对思维框架保持敏感，避免让简单的思维框架影响决策，画地为牢，看不到更大的世界和可能性。

幸存者偏差：别人能成功，我也能成功

人们的目光似乎自带聚光灯效应。习惯性地聚焦于成功、光鲜之处，就好像聚光灯下的人都喜欢说自己赚钱的时候，亏钱的时候却从来不说；而聚光灯外的看客，也喜欢剖析那些聚光灯下的励志故事，去模仿那些成功的人，想要掌握这些“成功密码”。但在这背后有多少人和这些成功人士一样兢兢业业，却没有拿到成绩，最终成了被大众遗忘的群体。这样一种在进行统计、分析或者得出结论时，只关注了成功的“幸存者”，而忽略了那些失败的“非幸存者”的逻辑谬误，就是幸存者偏差。

在投资领域，幸存者偏差表现得尤为明显。投资者往往只看到那些成功的投资案例、持续盈利的基金或者上涨的股票，而忽略了那些失败的投资、清盘的基金或者退市的股票。这会使得投资者高估某种投资策略或者投资产品的成功率，进而可能导致不恰当的投资决策。

有这样一种骗局：荐股骗子加了一堆人，每天给这些人发投资标的。每次都有一半的人成功盈利，一半的人失败离场，然后他对成功的那些人继续荐股，依然是成功的一半留下，失败的一半离场。到最后只要基数大，总有人连续通过荐股赚到

钱，然后骗子就开始收费。懵懂的投资者还真会觉得骗子厉害，但其实投资者只是个“幸存者”而已。

各种财经新闻或者投资论坛中，“10 万元本金一年翻 10 倍，跟着 ×× 连续抓住 5 天涨停”等这类吸引人眼球的标题满眼可见。尤其在新媒体时代，这些成功案例更是被无限放大，仿佛只要照着做，人人都能轻松赚钱。

但那些跟着案例和故事操作，高点买进最后却亏得血本无归的股民，那些被深度套牢只能眼巴巴盼着解套的股民，这些“非幸存者”有谁在意呢？谁会不断宣传他们的遭遇？谁都不想臭名远扬。股市“七亏二平一赚”，真正盈利的 10% 幸存者的故事掩盖了绝大多数人亏损的残酷现实。

巴菲特就曾说过：“投资界最危险的事，就是只看到眼前那些成功的案例，却忽略了背后无数失败的教训。这就像开车只盯着挡风玻璃前的一小块美景，却对旁边和后面的路况一无所知，迟早要翻车。”这句话真的是一针见血地点出了幸存者偏差的要害。

在投资实战里，这种偏差可以说无孔不入。基金公司在宣传产品时，常常把业绩最好的那几只基金放在最显眼位置，用漂亮的收益率曲线、短期亮眼的数据吸引投资者。可要是仔细翻翻资料，看看同类型基金过往的整体表现，就会发现这只是少数幸存者的游戏。很多基金可能因为市场风格稍微一变，业绩就一落千丈，那些没挺过来被清盘的基金更是销声匿迹。所以投资者要是光看宣传资料选基金，大概率会掉进坑里。

那普通投资者怎么才能不被幸存者偏差误导呢？

最重要的就是学会全面收集信息及保持质疑精神。看到那些热门推荐、赚钱神话的时候，多问一句“是不是全部这样？”多找找专业人士了解全面信息。投资者在做投资决策的时候，别只想到赚钱，也要琢磨亏了怎么办，把可能出现的好与坏的情况都列出来。要是心里没底，就别急着入场。投资者要有长期投资的定力，别被短期市场上那些幸存者的热闹带偏。学习系统的投资方法，不要一时兴起跟随零碎的信息做出行动，才能避开幸存者偏差布下的陷阱，让自己在投资之路上走得更踏实。

复盘时刻

1. 人们都喜欢关注聚光灯下的成功，但很多都是幸存者偏差。
2. 投资者要有独立思考和质疑的能力，不能被幸存者偏差带偏，要敬畏市场，尊重规律，才能活得更好。

事后偏见：果然和我想的一样

你有没有过这样的经历：当一位朋友跟你说一件事情的时候，如果他先说了结论，再描述过程和推导的证据，你会觉得这个结论很简单就能得出来，好像早就知道了一样。但当这位朋友一开始并没有说结论，而是把事情给你描述了一遍，然后问你怎么办的时候，你又很难得出同一个结论。

同一件事情，换了一种描述方式，我们的感觉却截然不同。这类似于先有靶后射箭，还是先射箭后画靶的问题。我们往往是先射了箭，知道箭射在了哪里，然后才去描绘出那个靶。下面是一个很典型的先射箭后画靶的案例。

1941 年日本袭击美国珍珠港事件，在事后分析看来当时有很多明显异常的迹象会导致袭击事件的发生。比如袭击发生的前几个月，美国情报部门获得了一份重要情报，情报说要把珍珠港划分为五个区域。在袭击发生的前几个月，日本人一个月内两次更换了电台密码，通常情况下他们每六个月才更换一次，且美国因为无法确定无线电通信方位而跟丢了日本舰队。在袭击前一晚，一位美国高级军官还收到消息，称日本大使馆充满了紧张的气氛，大量文件被销毁。

事后看，这些证据好像都指向了这次袭击事件的发生，但为什么当时人们没办法预知呢？

这是因为一旦我们知道了一个故事的结局，所有证据都会在我们潜意识下指向这个结局，这个证据和结局对我们来说就是符合逻辑的、是唯一指向性的。我们就会相信这个结局是可以预知的。

心理学家将这种效应称为事后偏见。我们在生活中也会用"事后诸葛亮""马后炮"来形容这样的情况。

在投资中也存在着大量的事后偏见。

对于技术派投资者来说，在每一次针对股票走势图画线时，都会觉得股票走势特别有规律，股价只要跌到上升趋势线或者支撑位置就会反弹，反之，碰到了下降趋势线或者压力位的时候股价就会下跌。事后看，一切都有规律可循，股价变得非常容易预测。

对于基本面投资者来说，每次股价到达了极度低估位置就会触发价值回归，股票就会出现一轮上升行情，屡试不爽。事后看，股价的波动非常有规律，在低估时买入，在高估时卖出，就一定能赚钱。

现在事后看，每一次金融危机事件的发生也是迹象明显的。银行过度放贷、投资者杠杆率过高、所有人都相信资产价格会一直上涨、群众陷入了兴奋的非理性情绪中、没有人考虑风险。这些相关的迹象，每次金融危机发生的时候都会出现，但每次都无可避免地引发了资产价格的崩盘。

事后看来，投资非常有规律，但为什么没有人能够完全把握投资的确定性，还会有这么多人亏损，还会有金融危机的发生呢？

本质原因在于，很多事件并非如我们事后看起来那么容易判断，这个世界的因果规律是复杂的。

我们会产生事后偏见，觉得因果规律很简单，是因为这些分析都是事后分析。事后分析会显得头头是道，“事后诸葛亮”在回溯事件的时候，会有意识寻找那些支撑事后结论的证据，而忽略了那些相反的证据，又或者这些证据可以导出的结论有很多种，但是他们只选择了符合最终结果的那一种。

就像现在有一个迷宫，中心位置是迷宫入口，而迷宫有很多个出口。所有的信息都在迷宫的中心位置，不同的信息指引你走不同的路，中心位置有很多条不同的路通往出口。当你身处迷宫中心往外走的时候，你没办法知道自己最终走的是哪一个出口；但当你从出口往迷宫中心走时，仿佛一切都清晰了然。

当事人从迷宫往外走，在当时就会有很多可能性发生。而“事后诸葛亮”就是从出口往里走，很明显只有一种可能性。

这就是事后偏见带给我们最大的危害，它会让我们误以为我们有一双明亮的眼睛、有一个聪明的脑袋，让我们误以为世界简单可控，误以为可以预知股价的涨跌、预知金融危机的到来，误以为股市投资简单易懂、可预测、可掌控。

事后偏见让我们过度乐观、过度自信，也大大限制了我们的反思学习能力，阻碍了我们的进步。

事后偏见很难破除，在投资中比较好的破除事后偏见的方法就是写投资日记，把每一次的投资思考和决策过程详细记录下来：当时你是怎么看待市场的、为什么选择这个标的、赞同和反对证据分别是什么、风险和预案是什么、你如何权衡这些证据并最终做出了决策。

写投资日记可以很好地锻炼我们系统思考的能力，用白纸黑字记录我们所有的投资过程，可以事后复盘我们的思考和决策，防止事后偏见。

我和团队一直都有写投资日记的习惯，也特别推荐给大家。

复盘时刻

1. 很多事在事后回看时，会觉得异常简单有规律，但当身处其中时，其实各个结果都可能发生。
2. 世界不是简单的因果关系，我们最终看到的结果，只是当时多因素作用下所产生的其中一种结果而已，如果下一次再发生同样的事件，可能导致的又是另外一种结果。
3. 事后偏见会让我们误以为投资是简单的、可控的、可预测的，但事实是，它是复杂的、不可预知的。
4. 投资日记是一个好工具，在复盘时提供客观记录，避免事后偏见的发生。

处置效应：避免后悔和寻求自豪的天性

如果你是一支篮球队的教练，10 个队员日常的水平都差不多，但是 5 位队员最近状态好，另外 5 位最近状态不好。你会让状态好的球员上场，还是让状态不好的上场？

如果你的投资是几艘船，你驾驶着船驶往退休的彼岸，你是会选择那些被证明适用于航行的船，还是把希望寄托在修复那些破船上？有经验的水手都不会选择破船，哪怕它们看起来很好看，但是投资者却会这么做。

如果不相信的话，我们做一道选择题测试一下。

假设你买了两只股票，两只股票的成本都是 100 元，但是现在 A 股票的价格涨到了 120 元，B 股票的价格跌到了 80 元。如果你急需用钱，需要卖出股票，你会选择先卖出哪一只？

你是不是会选择卖出盈利的 A 股票？如果你的选择是卖掉盈利的 A 股票，那么你跟大部分人的选择一样。

为什么大部分人都会选择卖出盈利的股票，而持有亏损的股票？因为他们希望提前锁定利润，不让煮熟的鸭子飞了，期待没卖出的亏损的股票能反弹。

但这真是一个正确的投资选择吗？

很多专业的投资书籍及国外的投资大师都会告诉你一个盈

利的重要法则——“卖掉亏损，让盈利奔跑”，这也是华尔街古老的训言。如果一只股票是好股票，并且正在上涨，那么它大概率会继续上涨。反之，如果一只股票不是好的股票，它就会持续下跌，哪怕短期反弹，最终结果也是继续走低。股票会一直沿着它原有的趋势运行，直到趋势发生转折。我多年的投资实操经验也证明了这一点。

但为什么大部分投资者都会做出相反的决策呢?

因为人类有趋利避害的天性。人们会避免那些事后可能会产生后悔的行为，而去寻求能让人自豪的行为。后悔是一种消极的情绪感受，会让人对自己产生否定的感觉；自豪是一种积极的情绪感受，让人觉得自己之前做的决定是正确的。

所以人们在面对亏损的股票时会愿意继续持有，因为只要不卖出就不算实际亏损，不用去面对实际亏损的痛苦；而面对盈利的股票，又怕到手的利润没了，会选择提前获利，只要卖出盈利了，就证明了自己是对的。

心理学家将这种因为避免后悔和寻求自豪的心理倾向而做出“止盈持亏”的行为，称作处置效应。

处置效应极大地影响了人们的投资决策，也是导致投资者频繁交易的主要原因之一。有调查研究表明，前一周的大涨会明显增加投资者下一周卖出股票的可能性。相反，如果股价大跌，投资者持有股票的可能性反而会大增，并且股票发生盈利或亏损的时间离现在越近，他们卖出的可能性越大。

不过在一些情况下，也出现了与处置效应相反的情况。

比如如果投资者持有的是主动管理型基金，他们会更倾向于持有盈利的基金，而选择卖出亏损的基金，出现了跟持有股票完全相反的决策。这又是为什么呢？因为持有主动管理型基金，投资者可以把亏损的责任推卸给基金经理，这样他否定自己的痛苦就没那么深了。

处置效应是顺人性的，谁都不想否定自己，都想把责任推给别人。但我们常说投资是反人性的，如果我们做的是大部分人都能做的顺人性的事情，试想我们还能在股市赚到钱吗？

复盘时刻

1. 宁愿放弃赚钱的机会，也要保住亏钱的买卖，看似荒谬的行为却是多数人会做出的投资选择。因为趋利避害是顺人性的行为。
2. 投资是反人性的，要主动迎接后悔情绪，避免自豪心理，主动承担投资责任，才能做出更客观、正确的选择。

心理账户：不同的钱，花出不同的感觉

假设你去看一场演出已经提前花了 1000 元买票，但是到演出厅才发现票丢了。此时你会选择现场再买一张票进去看，还是放弃？

大部分人都会觉得算了，不看了，不想再掏一笔钱来买。

但如果你还是去看一场演出，同样是 1000 元的票价。你没有提前买票，但是到演出厅的时候，你发现你丢了 1000 元现金，此时你还会掏 1000 元现场买票看演出吗？

此时大部分人的选择都是算了，钱丢了就丢了，当自己倒霉吧，演出还是要看的。

这两个案例，从经济学的角度来看都是同一个问题。你都是丢了价值 1000 元的东西，但是为什么会做出截然不同的选择？

因为人们对钱感受的差异，影响着人们用钱的方式。金钱本来是没有感情、没有标签的，但是我们会下意识地给不同的钱贴上不同的标签，就像我们内心有很多小罐子，我们会下意识将不同的钱放在不同的罐子里。心理学家把它称为心理账户。

因为心理账户的存在，我们用礼品卡买东西的时候会比用现金买东西更高兴爽快，更不在乎价格。我们意外获得的钱也会被我们更随意地花掉，这是因为这笔钱或礼品卡本来就在我

们额外的心理账户里。

因为心理账户的存在，我们会在花了7000元买了一台手机的时候，很容易就购买200多元的附加服务或物品。因为我们把大账户和小账户混在一起记账了，就不会觉得小账户支出多或东西贵。

因为心理账户的存在，我们会为了更低一点的折扣，开车去几十公里外买东西，但其实油费比优惠金额多。这是因为我们把购物的钱和油费放在了两个不同的心理账户。

心理账户不仅影响着我们日常的消费行为，也影响着我们的投资。

心理账户会让我们在投资中产生管窥效应。投资者容易过分关注股票的波动，在股票盯盘上花很多无效的时间，而影响了自己的正常工作。但其实他投入股市的钱只占家庭总资产的很少一部分而已。股市的波动放大了我们对心理账户的感受，让我们过分关注它的涨跌，而忽视更多的资产收入。正如我们愿意开车去很远的地方买折扣商品，虽然不那么合理，但是却很开心。

心理账户会让我们过于单独考虑每一项投资。投资者容易把每一项投资单独看待，忽略了它们相互之间的影响，很容易对风险产生错误的认知。其实我们的每一项投资，都是我们总资产盘子里面的组合，每一只股票都是股票投资组合的组成部分。我们每增加一项投资，不仅要考虑单项投资的风险，还要考虑它对整体资产的影响，否则我们很容易因为过多买入同一类资产而导致风险过度集中。

心理账户会让我们合理化错误的投资决策。人们都知道股票投资风险高，为了让自己投资失败时更好受，会给自己找一个借口“我能承受这些损失”来合理化自己错误的投资方式。但其实没有什么损失是我们可以承受的，它们都属于总资金里面的一部分，只是我们人为给它们划分开了，贴上了不同的标签。这样看似会让我们更舒服，但其实给投资股市的钱贴上这样的标签，只会让我们的投资更随意，更容易发生损失。这一点就很像我们更容易花掉捡来的钱或因中奖获得的钱一样。

人们用心理账户的分类方法来应对这个世界的复杂性，比如在财务领域家庭资产划分为收入和支出，资产和负债及各种资产配置模型，这些分类方式在很多时候确实给我们带来了很大的便利。

我们每天都在用这个分类技巧，导致很多时候它已经成为我们的本能反应。但是这种人为的贴标签方式，让我们对不同的投资产生了不同的感受，极大地影响我们的投资决策。更可怕的是我们常常在无意识的状态下被影响了。

我们被自己设置的牢笼罩住了。

复盘时刻

1. 我们会给钱贴上不同的标签，导致我们在生活中不自觉地花出更多的钱。
2. 投资中由于心理账户的存在，会让我们更随意地承担更多风险，做出错误的投资决策，最终发生损失。

复盘时刻：投资的思维偏见——为什么我们总是“非理性”交易？

1 禀赋效应：我的就是最好的

人们在一项事物上投入的时间和感情越多，就越容易高估它的价值。投资中的禀赋效应会让我们对自己花了大量时间研究或持有的股票抱有很高的期待，只看到自己想看的信息，以及面对亏损不作为。投资不是谈恋爱，过度“偏爱”只会让你越陷越深。

2 沉没成本：我不能让过去白白浪费

投资者的决策往往会受到过去已经投入的时间和成本的影响，但投资是基于未来的，过去的投入已经无法挽回，未来的收益才是关键。投资者要克服心理锚定，别让过去的错误，继续拖累你的未来。

3 启发性思维：事实一定是这样的

我们的大脑喜欢偷懒，总想用最简单的思维思考问题。投资中的代表性偏差和可得性偏差会让投资者以偏概全，认为投资存在简单的因果关系和确定关系，让主观意识完全主导了投资，而忽略了概率和客观事实。

4 框架效应：我只能看到我想看到的

不同的描述方式，不同的经历，都会给投资者设立一个框，让投资者只能看到他自己想看到的信息，只能做出他想做出的行为。投资者要识别框架的存在和影响，有意识地突破框架限定，才能让投资更接近客观和本质。

5 幸存者偏差：别人能成功，我也能成功

我们总是喜欢看那些赚钱的故事，却忽略了更多亏钱的人。别只盯着“幸存者”，多看看“失败者”的教训，尊重规律，才能避免重蹈覆辙。

6 事后偏见：果然和我想的一样

投资中的事后偏见会让投资者认为投资是简单的、确定的、可控的，从而变得过度乐观和自信，忽略投资的不确定性和风险。投资者可以通过写投资日记记录投资过程，减少事后偏见的影响。

7 处置效应：避免后悔和寻求自豪的天性

人们有趋利避害的天性，本能地想要避免损失带来的懊悔感，会追求盈利带来的自豪感。处置效应会让投资者频繁做出“卖盈持亏”的不合理的投资决策。投资是反人性的，投资者要刻意训练自己反人性的投资决策。

8 心理账户：不同的钱，花出不同的感觉

心理账户会让投资者把本应该整体考虑的投资，人为划分成不同标签的钱，区别对待。投资应该考虑整体，而不应该只关注局部，否则只会因小失大，得不偿失。

核心结论

别让偏见“坑”了你

投资的路上，最大的敌人往往是我们自己。那些看似“合理”的决策，背后可能藏着无数思维偏见。想要在市场中长期生存，光靠运气可不行，还得学会识别这些“坑”，避免被自己的大脑“带偏”。投资是一场与自己的博弈，只有克服了这些偏见，投资者才能真正走向理性与成熟。

所以，下次当你觉得“上头”的时候，不妨停下来问问自己：是不是又被偏见“坑”了？

4

第 4 章

情绪陷阱：
90% 的亏损源于
这 8 种冲动

贪婪：赚钱的感觉比赚钱更让我痴迷

为什么买彩票的人会一直喜欢买彩票？为什么人们买股票的时候想的都是会赚多少钱，而不是想着可能会亏多少钱？

我们可能会觉得因为这些人贪，不脚踏实地，总想着要发横财！**其实贪婪是人类的本性**，贪婪的基因存在于我们每个人身上，存在于我们的日常生活中。

神经脑科学家把贪婪看作人们大脑存在的一种“预期回报幻觉”。这种对预期潜在回报的幻想就像“望梅止渴”一样，会刺激我们的生物本能，让我们的大脑处于兴奋状态。

比如我们小时候去旅游前会兴奋到睡不着，因为脑海里面会不断想象明天旅游的各种好玩场景；我们在去约会或相亲的路上会特别紧张、兴奋，但见到面了反而就不那么紧张了。出现这种事前更紧张兴奋的感觉，是因为人类大脑对潜在好处的反应要比现实的好处更敏感。

期待幻想比现实结果对大脑反射系统的刺激更大。这是因为在数万年的进化中，人类进化出了一种“搜寻系统”，不断搜寻更好的东西。正是对美好事物的期待刺激着我们的大脑，从而促使我们的感官处于高度警觉和兴奋的状态，激励我们去努力获得不确定的回报。

同样，在投资中收益预期会让人类大脑的反射系统处于高度警觉和兴奋状态，这会抑制理性脑的运行。所以哪怕人们知道胜率很小，还是愿意去“赌一把”。毕竟预期赚钱比实际赚钱带来的感觉更爽。

这就解释了为什么人们喜欢买彩票，为什么投资和创业都会让人“上瘾”。因为里面充满了人性对未来潜在回报的期待。

这种预期回报心理会对股票投资产生以下影响。

预期回报心理加大了股票的波动和不确定性。华尔街有一句古老的格言：“在谣言中买进，在消息中卖出。”当人们对一只股票有很好的预期时，会导致股价短期快速上升，等到股票真正公布利好消息时，股价反而下跌，这种情况在股市中俗称“见光死”。但问题是当消息朦胧时，我们不知道前期的快速上涨是因为什么，好消息被提前计价了多少在上涨的股价上，未来还有多少空间，这些都是不确定的。这种因为投资者预期过高而导致股价的快速波动，给投资者造成了很大的困难。

预期回报心理让投资者形成记忆偏差。我们在介绍禀赋效应、事后偏见、框架效应时提到过，人类的记忆会存在人为偏差。对记忆的形成来说，预期奖励比得到奖励更让人印象深刻，所以很多人在回顾过去的投资业绩时，都会对那些获利的投资印象深刻，觉得自己投资准确率很高，做得很不错，实际上却忽略了很多错误和损失的情况。

预期回报心理让投资者过分重视收益，忽视了概率。人类更喜欢想象“收益有多大”，而不是去思考“获得收益的概率有多大”。所以无论获得收益的可能性有多低，只要潜在的收益越大，人们就越容易贪婪。很多人喜欢去赌那些大幅下跌甚至退市的股票，或者追高买连续涨停的股票，期待一下子就有几十个点甚至几倍的收益，完全不去考虑实现的可能性有多大，亏损的风险又有多大。

贪婪推动人类社会进步，但也让人们极度容易陷入非理性投资。

投资者投资一只股票，获得了一点收益，就会刺激多巴胺的产生，贪婪的多巴胺又会进一步刺激我们产生对未来更大收益的预期，从而导致我们不断买卖，不断加码。当市场越来越多投资者这样做时，就会不断加强趋势，形成一致性预期，最终引发了股灾。

投资者要想避免贪婪的多巴胺的刺激，就要时刻觉察自己情绪的波动。要意识到自己预期回路的失控，更要有科学的投资决策体系和流程，让所有的投资决策都经过理性分析。

复盘时刻

1. 贪婪是人类的本性，促进了人类社会的发展和进步。
2. 对收益的预期比实际结果更能刺激大脑兴奋，预期回报心理会刺激人们做出冒险行为。
3. 投资者要用理性的投资体系避免贪婪的多巴胺对大脑的刺激，避免做出不合理的投资行为。

恐惧：我什么时候才能不害怕，轻松投资？

当我们一个人走到黑暗的小巷子时，我们会害怕忽然有一个人出来抢劫；当我们坐飞机时，忽然飞机颠簸一下，我们脑海里面会马上冒出飞机坠落，家人痛哭的画面。这些都是人类天生的恐惧反应，源于对未知事件、未知风险的害怕。

恐惧感的来源是大脑的杏仁核。它就像一个警报系统，当我们面对潜在风险时，杏仁核会让我们快速产生恐惧、愤怒之类的强烈情绪，帮助我们在一瞬间将注意力集中在危险预警上。

这种快速反应的机制，让我们的祖先在面对毒蛇猛兽时能够立刻做出反应，从而在恶劣的环境中生存下来。

恐惧帮助人类摆脱了物理威胁，但是在投资中却常让我们陷入危险。

一项关于投资者最难克服的情绪是什么的调查显示，恐惧是投资者最难克服的情绪。它比贪婪、希望等情绪都难以克服，在这项调查中选择恐惧的投资者的数量是选择其他情绪的 2 倍。

在投资中，你是不是经常会有这样的感受？

买入一只股票，你就会特别关注它的价格。当价格上涨的时候，你会特别害怕下跌，到手的利润没有了，想卖出获利。但是你一卖出，股票就上涨飞快；当股票跌的时候，你会害怕它继续跌，结果它真的越跌越多，你最后受不了割肉卖出。你一卖出，股票就反弹，你痛骂：“狗庄家，就看中了我手上的100股！”

你很懊恼自己每次都卖飞股票或卖在最底部，每次都告诉自己下次一定要做好，但是下次又重蹈覆辙。

投资者在交易的时候，最容易被恐惧的情绪支配。你总是想办法去处理恐惧，但始终没有办法消除它。

其实人类永远都不可能摆脱恐惧，那是与生俱来的生物本能。哪怕再成熟的投资者，他们在交易的时候都会伴随恐惧和不舒适感，只是他们学会了接纳自己的恐惧和焦虑心态，学会了坦然面对一切，并且能够伴随恐惧而行。

人类对恐惧的认知太少了，以至于无法识别和掌控恐惧。

其实，我们惧怕的不是实际的危险本身，而是不确定性给我们带来的不安全感。正是这种不确定性，让我们失去了掌控感，从而产生恐惧。对此，投资者需要设立明确的投资规则，买入股票后，出现什么情况必须止损或止盈。一切规则都清晰明了，一切都按规则执行，恐惧感的影响就会被大大削弱。

我们对恐惧的感知也不够准确。杏仁核对突然的重大变化非常敏感，往往反应过度；但对缓慢变化却不敏感，很容易忽略缓慢积累的风险。这就导致了我们很害怕那些最不可能发生的风险，而最可能发生的危险却没有引起我们的重视。比如我们会害怕飞机失事，但不会担心自己开车出事；比如发生股灾或金融危机时，普通投资者往往很恐惧，纷纷卖出，但专业投资者却很兴奋、很贪婪，反向大举抄底。

其实恐惧并不可怕，正如它在我们面对物理威胁时很好地保护了我们一样。它也在一定程度上，让我们的投资变得更谨慎。

投资者要做的不是想办法消除恐惧，而是要学会识别和掌控恐惧，让它更好地为我们的投资服务。

复盘时刻

1. 恐惧帮助人类很好地面对物理危机，但我们对恐惧认知甚少、感知不准，在投资中往往会陷入困境。
2. 恐惧是人类的生物本能，无法摆脱。恐惧并不可怕，投资者要学会识别恐惧，掌控恐惧，伴随恐惧而行。

过度自信：我们往往高估了自己的能力

心理学家认为人们很容易陷入过度自信，高估自己的知识水平或者高估自己控制事情的能力。

有调查研究显示，80% 的司机认为自己的开车水平高于平均水平；70% 的创业者认为自己会创业成功。更有意思的是，人们在抛硬币前下注，会比在抛硬币后下注的数量更大；人们自己亲手抛硬币的下注数量也比由别人抛硬币的下注数量更大；当人们摇骰子，希望摇大的点数时会更用力，希望摇小的点数时则会偏向更小力气。

盖洛普在 2001 年对投资者做了一项调查，被调查人中很多都经历了科技股泡沫崩盘。当问及他们对未来一年市场的回报率时，他们回答的平均数是 10.3%。当被问及期望自己未来一年的投资回报率是多少时，他们回答的平均数是 11.7%，这大于市场平均回报率。

不仅在生活中，在投资中人们也普遍存在过度自信的倾向。

如果我们花了很多时间研究一只股票，了解信息，我们就会对该股票有更大的信心。即使股票下跌，我们也会认为只是暂时的，迟早会回升，因为我们已经对它进行了详细的研究。如果这只股票是大 V 推荐或者身边炒股专业人士推荐的，我们也会觉得自己对这只股票有很强的掌控感，完全不会考虑这只股票会大幅下跌，下跌后要怎么办。如果我们学了一种新方法，数据回测效果很好，我们也会觉得自己掌握了股票投资的密码，只要用这个方法就能一直赢下去。

这些都是知识幻觉和控制幻觉所导致的过度自信，这两者也是过度自信的主要成因。

知识幻觉是指当人们掌握了很多信息时，就会认为自己对事物的全貌有了清晰、准确的了解，从而高估自己分析和判断的能力。就像学生考试一样，在复习时刚把知识点过了一遍，就觉得自己全会了，上了考场才发现大多数知识点都只是一知半解。

知识幻觉所导致的过度自信很难消除。因为人们很容易认为自己得到的信息越多就越接近真相，最后很可能忽略了事物的多变性，从而造成投资损失。

控制幻觉是指人们认为自己已经掌握了事物的全部规律，可以控制事物的发展，从而高估了自己对事物的掌控能力。比如玩扑克牌的时候，手气顺了几把就觉得自己技术高超，能掌控牌局走势了。面对对手出牌时就开始大胆跟注、加注，完全不把风险放在眼里，结果一不小心就阴沟里翻船。

过度自信会让我们做出很不合理的投资决策。

过度自信会导致频繁交易。好多投资者整天守在电脑前，眼睛死盯着股价波动，看着数字上上下下，感觉有某种规律，就误以为自己能精准把握涨跌节奏，频繁地买进卖出，根本没有意识到市场有多复杂。频繁操作所带来的控制快感，让投资者认为自己可以控制市场、控制账户，殊不知这种操作纯粹是被过度自信牵着鼻子走。

过度自信会让我们产生错觉，以为自己掌握了全面的事实，掌握了涨跌的密码。但其实投资是一个很复杂的系统，市场往往在我们最自信、最不愿意承认判断失误的时候给我们当头一棒。很多投资者都是因为这样而含恨离场。

要避免过度自信，就要学会逆向思考，并且用投资规则来消除过度自信的影响。我们要时刻觉察自己的心理状态，在情绪比较饱满的时候，在出现“一定”“绝对”“不可能”这些极端词语的时候，一定要强迫自己停下来。运用逆向思考，反问自己：我理解的都是对的吗？有没有可能是我错了？哪里可能出错了？用问题来强迫自己调用理性思维。另外，我们也要学会运用投资规则来约束自己的投资行为，比如写下投资计划，多跟不同意见的人交流，进行正反面客观分析。这些方法都能有效消除过度自信对投资的影响。

复盘时刻

1. 人们普遍存在过度自信的倾向，掌握的信息越多，操作越多，越容易引发过度自信。
2. 过度自信会让投资者误以为自己能够完全掌控投资，过度频繁交易，做出不合理的投资决策。
3. 投资者要警惕投资中极端情绪和极端词语的出现，多进行反问反思，才能避免过度自信的影响。

妒忌：我要赚得跟他一样多

在投资领域里，妒忌可能是对我们投资结果危害最大的心态之一了。

表面上来看，妒忌是我们看到别人拥有我们渴望的投资成果或者财富增长的时候，我们内心那种不安和不甘的感受。这样的感受似乎很容易被我们觉察、避免，但事实是很多人被妒忌包围而不自知，从而让自己一步步陷入险境。这是因为妒忌这个情绪一旦冒头，大脑的杏仁核区域活跃度就会飙升，它就像一个失控的警报器，瞬间引发身体的应激反应。应激激素大量分泌，把大脑负责冷静思考、理性分析的前额叶皮质功能通通压制。这时候的我们去做投资决策，自然就很难保持清醒。

日常生活里，妒忌是一种非常隐形的心理状态，它常常伪装得很好，我们不知不觉就会深受其害。

研究表明，人类在群居状态下更容易产生妒忌。微信群是一个群居状态，比如老同学的微信群，本来是大家叙旧的地方，但是如果群里有人分享一些好消息，比如创业取得了一些成绩、公司顺利融资了，或者投资取得高回报了、买新房了等，群里气氛就会立马微妙起来。这时候很多人表面上恭贺不已，内心的五味瓶早已经被打翻。他们那些“想当年你不如我”的想法便一个个冒出来，甚至私底下讨论人家靠着不正当的手段成功，或者归结为别人只不过运气好罢了，完全忘了反思自己这些年因为瞻前顾后，因为懈怠而错过一波又一波机会。

在投资实战中，妒忌作的妖就更数不胜数了。做投资是很难自己一个人待着完全不跟人交流的。一旦开启了投资，性格再孤僻的人都会与一群志同道合的人一起讨论，仿佛人多就是力量大。然而，人一旦聚在一起，就很容易形成攀比心理，甚至妒忌心理。

处于信息爆炸时代的我们，难以屏蔽别人的影响。行情一旦好转，各路投资高手、财经自媒体纷纷登场，不断渲染投资暴利、财富飙升的故事。当一次又一次被别人的收益刺激的时候，有多少看客在这时候能够保持冷静？

投资到底是一场什么游戏？对手是谁？胜利或成功的标准又是什么？这是非常值得我们深思的问题。

投资不像学习和工作，也不像竞技比赛一样需要跟别人比、跟别人斗，分出高低。**投资最不应该做的就是跟别人比较。**每个人的资金体量、家庭情况、风险偏好、投资风格都不一样，根本没办法比，也不需要比。跟别人比较投资收益率，只会给我们增加干扰，让我们陷入被动。

投资是一场只需要和自己比的比赛，只要我们比过去的自己更好，并且越来越好，就是赢了。

所以，虽然我不怕比收益，但是我从来不跟别人比收益，也从来不强调收益。因为这样只会增加我和客户的干扰。在一开始客户选择委托我管理资产的时候，我会很有耐心地讲解我的投资策略及市场其他的策略。我甚至会“逼”客户听我的投资课，我希望客户完全认可我的投资策略和为人。如果客户不认可，他完全可以找他认为能获得高收益的投资者。

人生也一样，和别人比只是一个很小、很短暂的评价维度，是一个阶段性的评价结果。和自己比，则是一个更坚实、更长久、更有力量的内在驱动力。

复盘时刻

1. 妒忌是危害最大的投资心理之一。投资最不应该做的就是跟别人比较。
2. 投资是一场只需要和自己比的比赛，只要比过去的自己更好，就是赢了。

从众：大家都买的，一定就是好的

你一定有过这样的疑问：有些投资项目明明一看就是骗局，居然有一大帮人跟疯了一样往里冲。关键是这里面有些还是日常看着挺聪明的人，这到底是为什么？

不可否认，我们作为局外人在事后看这些骗局，存在一定的事后偏见。作为当事人，他们并不能像局外人一样，看清这些投资的风险在哪里。相反，他们会不自觉地认为这么多人都做出这样的选择，一定是可信的，而且从来不会产生怀疑。

这就是著名的“羊群效应”，也就是从众心理。人为什么会不自觉从众？从众心理到底是怎么来的呢？

这也跟人类的生物进化有关。在原始社会人类想要更安全地活着，就要跟着部落集体行动，找吃的，躲危险，抱团是活下来的重要技能。随着人类的演化，从众成了一种群体性的生物本能，人类本能地渴望融入集体，获得他人认可，不想被孤立。

科学家对大脑的扫描研究也发现：当个体处于群体环境中，目睹多数人做出一致行为时，大脑里的前额叶皮质层会受到干扰，它掌管理性判断的功能会变弱。而负责模仿、跟随的脑区却异常活跃，潜意识不断冒出念头：跟着大伙走，没错儿。于是人们的决策从理性思考变为感性决策。

巴菲特说："要想得到最好的超出平均水平的机会，投资者一定要与大众背道而驰，而不要加入其他旅鼠的自杀行动。"旅鼠的行动完全跟着领头鼠，它们过着群居生活，繁殖量大且习惯一大群生活在一起。在每年迁徙时，领头鼠往哪里跑，跟随者就往哪里跑，哪怕前面是悬崖，领头鼠往下跳，跟随者也绝对不刹车，毫不犹豫地跳下去。

投资圈到处都存在跟风的现象。比如 2000 年的互联网泡沫，那时候的互联网创业公司，只要讲个新鲜概念，PPT 做得漂亮，风投就会大把撒钱。公司不断烧钱，仿佛烧得越多，股票就涨得越好。普通投资者在从众心理的驱使下跟着往前冲，根本不管公司的实际价值和盈利能力，家底全部掏出来购买互联网股票。结果一年后，网络经济泡沫破灭，普通投资者才发现自己成了资本的牺牲品。

我们前面讲到的 19 世纪荷兰郁金香的案例，也是从众效应的经典案例。在从众心理驱使下，荷兰举国上下进行郁金香买卖，数不清的家庭倾其所有，抵押房产、借贷资金去抢购郁金香球茎。普通球茎的价格数月内上涨了一千多倍，很快就泡沫破裂，价格一落千丈，整个荷兰经济遭受重创。一个非常繁华的都市瞬间沦为"郁金香废墟"，这源于一场集体失控的从众投资。每次金融泡沫的产生必然伴随着从众效应，当群体心理趋向极度一致时，往往就是危机爆发之时。

在投资领域从众心理容易产生，主要源于信息依赖和社交裹挟。

信息依赖是因为投资市场本身就很复杂，专业知识门槛不低。而普通投资者面对海量资讯，常常辨别不清真假。这时候一看多数人都选了某个投资方向，就下意识觉得人家是对的，人家都已经买了，承担了风险，自己跟着买最保险，省得费工夫去钻研，再说自己也研究不明白。

人作为群居动物，要是身边的人都买了，自己不跟着大伙一起买就会显得格格不入。别人聊起来眉飞色舞，自己啥都不懂，为了融入群体就会下意识跟风，去换取那份群体安全感。

成熟的投资者能够时刻让自己跳出市场情绪看投资，能够清晰意识到群体心理的走向。在一致性形成初期有意识地顺从群体趋势，获取可观收益。在一致性高度趋同的时候，又能有意摆脱从众心理，避免风险。

为了避免从众心理的影响，很多投资高手会刻意让自己远离大众，把独处作为投资的一项原则，就是用空间隔离来避免社交裹挟的发生。

投资者要想摆脱从众心理，就要练就一颗“强心脏”。日常多在投资上下功夫，只有真正掌握了本书中提到的投资的底层认知，坚守自己的能力圈，才能做到“任尔东西南北风，我自岿然不动”。

复盘时刻

1. 从众和抱团是人类的本能，能减少决策困难，增加生存概率。
2. 从众心理在投资中普遍存在，每个人都会或多或少参考别人的投资决策，普通投资者很难避免大众行为的影响。
3. 投资者要清晰意识到群体心理的走向，在一致性形成初期要有意识顺从趋势，获取可观收益；在一致性高度趋同的时候，更要有意摆脱群体意识，避免风险。
4. 投资者要设置一定的机制，避免从众心理的影响。

损失厌恶：亏钱的感觉太难受了

前面我们提到过人们很容易因为股票有一点盈利就卖掉，生怕到手的利润没了。而面对亏损的股票却迟迟不肯止损，导致越套越深，这是受人类避免懊悔和寻求自豪的处置效应的影响。

这一节里我们从另一个心理学角度来解释这种行为。人们做出如此不理智的行为，主要是因为人们受损失厌恶心理的影响。

卡尼曼和特沃斯基提出过一个前景理论，被广泛用于投资领域。他们发表的著作中量化了损失带来的痛苦与收益带来的愉悦之间的关系，前者至少是后者的两倍。在我们的认知世界里，损失与收益有着截然不同的分量。

举个例子，你幸运地在路上捡到 100 元钱的开心感觉，远弱于你不小心弄丢了 100 元的懊恼、自责与揪心的感觉。而要想抹平你弄丢 100 元的感觉，你要至少捡到 200 元。

人类为什么会对损失和收益有如此截然不同的反应呢?

这其实是人类在进化过程中，大脑进化出来的保护机制。我们的祖先在原始社会的生存环境非常残酷，一次小小的失误，比如打到的猎物被野兽抢走或者不小心弄丢了采摘的果实，就可能会导致好几天食不果腹，甚至最后危及生命。在这样的背景下，大脑就像被设定了程序一般，对损失极度敏感，产生了害怕风险和抗拒损失的本能。

我们的大脑中有一个“哎呀中心”，它是被叫作前扣带回皮质的区域。脑监测实验显示，当现金奖励超出预期的时候，“哎呀中心”会有 13% 的神经元被激活；而当现金减少时，“哎呀中心”激活的神经元竟然高达 38%。这些脑科学实验非常客观地揭示了我们对于避害的敏感性要远高于趋利。

具体到投资上，损失厌恶的心理会非常容易造成资产配置错乱的结果。在投资过程中一旦发生亏损，我们很容易过度盯着亏损的资产，导致原本合理的股债搭配、不同行业均衡布局的策略全被打乱，继而加仓亏损股，期待挽回损失。受损失厌恶影响的投资者，他们的投资视野也会变得狭窄，一门心思就想等待股票回升或者加仓等待反弹，以求挽回损失，更好的机会摆在眼前也看不见，一直在旧坑里挣扎，越陷越深。

成熟的投资者会在自己的交易体系中，有意识地建立与损失厌恶对抗的规则。投资者一方面要有意识地研究整体的仓位配置，把目光放长远。从资产组合整体看收益，而不是下意识在心里给每个股票建立单独账户，盯着单笔投资的一时得失，而影响了整体的投资决策。另一方面要重塑投资思维，明白投资亏损是常态，是投资成本的一部分，就像做生意一样要付出成本，不要感情用事，按设定好的止损规则操作。

在投资中损失很常见，并不可怕，可怕的是我们一直在无意识的状态下投资，不能用正常的心态看待损失，不能用严格的规则处理损失。

复盘时刻

1. 等量损失带给我们的感受是等量收益的 2 倍。我们需要用比损失量大 2 倍的收益才能抚慰我们的心灵。
2. 损失厌恶心理很难避免，投资者要有意识地觉察心理状态，用平常心去看待投资损失。

赌徒心理：赚钱太快也不是好事

很多人听到投资就会避而远之，细谈之下会发现在不少人的眼里，投资就是赌博，投资就是投机。是什么原因让这么多人在不了解投资的情况下，如此看待投资呢?

我们先来看下面的场景，相信对大家来说并不陌生。

拿虚拟货币市场来说，很多参与者看到别人丰厚的回报后，就满心幻想着短期内资产能翻倍，这种暴富预期成了他们的“兴奋剂”。从入场开始，这些人要么疯狂加杠杆，一门心思只想借杠杆之力一夜暴富，全然不顾杠杆背后的巨大风险；要么把全部身家像押宝一样，孤注一掷地押在那些前途未卜的虚拟货币上。账户余额的数字跳动揪紧着投资者的心。涨了就野心膨胀，觉得财富近在咫尺；跌了就红着眼追加赌注，笃定下一把就能逆风翻盘，直到平台被国家监管关停，才觉察自己一叶障目的行为。

这种赌徒心理最容易出现在非法投资领域。那些见不得光的非法外汇、期货平台骗局，操盘手在幕后精心操纵走势，只需要稍微抛出点小甜头就可以诱导投资者加大资金投入。受害者被初期轻松到手的利润冲昏头脑，以为自己找到了致富密码，不断加码，步步深陷。

警方披露的数据显示，仅单个金融骗局平台的涉案金额就高达亿元，受骗人数常常高达数万人。事后不少受害者接受采访时都会表示，其实早就察觉到异样了，但是因为不甘心，因为侥幸心理，不到最后一刻根本停不下来。

这些闹剧到底是怎么发生的呢?

从根源上剖析，大脑的奖励系统在闹剧里充当了关键推手。当我们偶尔一次冒险投资侥幸尝到甜头时，大脑会瞬间像被点燃的烟花，疯狂分泌多巴胺，带来极为强烈的兴奋感，给大脑按下“成瘾按钮”，让我们从此上瘾般追逐这种刺激。

打个比方，玩游戏时平均玩 20 次，可能会出现一次小额中奖。这偶尔闪现的甜头，就能让玩家深陷其中，坚信大奖就在下一次出现。同样，投资里偶尔蒙对的高收益，会让不少投资者丧失理智。

本书在前文提到，投资者往往会高估自己的能力，陷入“控制错觉”。有调查结论显示，接近一半的投资者在连续 3 次盈利后，自信心就会急剧膨胀，追加投资的金额。

赌徒心理在正规的投资领域也常常产生。**赚快钱及亏大钱，都很容易引发投资者的赌徒心理。**

投资者在赚钱太快的时候，很容易激发赌徒心理。最典型的就是在牛市的时候，投资者一开始会怀疑牛市是否真的到来，投入的资金量比较少，但是因为牛市赚钱很容易，随便买都能赚钱，而且赚钱速度很快，到牛市后期的时候，可能利润已经翻倍了，这时候很多投资者就会额外加大投资，把别的地方的资金调到股市加仓，甚至融资加仓。最后一旦牛市结束，股价大幅向下波动，投资者很快就会把前期赚取的利润全部回吐，甚至亏损本金，损失惨重。

相关金融机构监测的数据显示，在牛市后期市场大幅波动时，因过度使用杠杆而爆仓的账户比例急剧升高至 15% 左右。很多投资者的钱都不是在熊市亏掉的，而是在牛市亏掉的。这就是大部分投资者牛市亏钱的真实写照。

除了赚快钱，亏大钱也会刺激投资者的赌徒心理。当投资者连续失利时，决策会变得越发冲动，明知道行情不好、胜率很低还要继续加仓，理性规则在这时候完全失效，投资沦为毫无章法的赌博。

其实不仅投资新手会产生赌徒心态，一些颇有经验的投资者在牛市中也难免被成功冲昏头脑，认为自己能把控风险，从而一点点拆掉自己的计划和规则，慢慢越陷越深，最终沦为一名投资赌徒。

这个世界永远都不缺一夜暴富的神话，在投资中同样如此。但是所有靠运气得来的财富，注定都不会长久。投资需要的是亦步亦趋、稳扎稳打，而不是孤注一掷。

复盘时刻

1. 赚快钱及亏大钱，都很容易引发投资者的赌徒心理。
2. 投资需要的不是一夜暴富、一战成名，而是亦步亦趋、稳扎稳打。善战者无赫赫之功。

懊悔：不卖就不会亏，更不会难受

之前我们说过，因为处置效应的存在，投资者喜欢“卖盈持亏”，卖出盈利的股票而持有亏损的股票。我们都知道止损对于股票投资来说很重要，但是投资者往往会因为懊恼情绪的影响而不做出止损动作。直至越套越深，让整个投资组合陷入更大的被动。

这一节我们重点来讨论懊悔情绪和止损之间的关系。

在大脑皮层中，负责懊悔情绪的是一块叫作眶额皮层的区域。它是非常敏感的区域，稍有刺激大脑便会同步被激活自责与悔恨的感受。因此投资者常常会为了避开懊悔情绪而做出不理智的投资决策，比如一直持有亏损的股票不进行止损。对于大脑来说只要还没有进行止损，就代表着实际亏损还未发生，就不会懊悔。万一卖出后股票上涨了，投资者不仅承担了实际的亏损，还错过了一段收益，就会陷入双重的懊悔情绪中。因此，对亏损不进行处理，是最顺应生物本能的决定。

懊悔情绪和亏损大小有关系吗？会不会亏损小的时候不容易懊悔，投资者更愿意止损，只是在亏损多的时候才不愿意止损呢？

一项关于现实投资行为的统计数据表明，投资者不愿意卖出亏损股票，和亏损程度无关。只要发生了亏损，投资者就更倾向于持有。这意味着出现懊悔的情绪，表面上看跟亏损大小相关，但在实际操作中亏损大小在避免懊悔情绪上所起的作用不大。

虽然亏损程度对于投资者避免懊悔情绪影响不大，但有意思的是假如投资者可以将亏损责任归于他人，投资者所感受到的懊悔情绪将会大大减少，甚至不太介意亏损的发生。

比如当投资者持有的股票下跌而整个股市上涨时，投资者的懊悔情绪就会非常强烈；但是如果在股市下跌的时候，投资者持有的股票也在下跌，那么投资者就会认为这不是他可以控制的因素，懊悔情绪也显得不那么强烈。再如，投资者在基金经理或者投资顾问的指导之下进行投资，又或者投资者买了某只基金，当亏损发生时投资者就会倾向于将责任归于他人，这时候亏损的发生也不会引起投资者的过度懊悔。

这就提示投资者，在亏损发生时无论亏损多少，都要进行深刻的分析。要分析当下是否是继续持有的好时机，不愿抛售的根本原因是市场真的有变好的趋势，还是因为自己把责任归于他人而减少了懊悔情绪，抑或是因为自己不想面对损失落定时的懊悔情绪。

懊悔情绪是很难觉察和避免的，它的存在会在不知不觉中干扰投资者的决策。被懊悔情绪裹挟的投资者最后往往呈现一个状态：过早抛售盈利股票，同时过久持有亏损股票。这使得他们最后的投资组合只能获得较低的收益。

懊悔情绪还具有传染性。当一位投资者投资失利，向他人倾诉时，很容易引发其他投资者的恐慌，使整个群体氛围陷入消极，大家纷纷进入警戒状态，原本合理的投资策略也开始遭遇质疑，集体走向保守或盲目跟风的极端，急速放大懊悔情绪在群体中的破坏力。

要避免懊悔情绪，投资者就需要制定完善的规则、严格的投资纪律，用规则来阻挡情绪的冲击。和所有的情绪一样，投资者要保持警醒，觉察自己的心理状态，丰富认知，强化纪律，逐渐驯服大脑对于懊悔的过度反应。在反复训练之下，塑造稳健理性的投资格局。

复盘时刻

1. 无论亏损大小都会引起懊悔情绪。哪怕在亏损比较小的时候，投资者也要觉察懊悔情绪，进行合理止损。
2. 懊悔情绪具有传染性，投资者要避免被别人的懊悔情绪影响，要保持独立思考，坚守自己的投资纪律。

复盘时刻：投资的心理误区——为什么我们总是情绪化交易？

1 贪婪：赚钱的感觉比赚钱更让我痴迷

贪婪是人类的本性，它让我们对未来的收益充满幻想。人们对预期收益的爽感，远超于实际收益本身，这种刺激会让投资者不断陷入想要冒险的冲动中。每一次的盈利都会刺激贪婪的多巴胺的分泌，多巴胺不断刺激大脑追求更多的收益，投资者不知不觉已经沦为赌徒。

2 恐惧：我什么时候才能不害怕，轻松投资？

恐惧是我们面对不确定性时的本能反应。它让我们在股价下跌时慌不择路，早早割肉；在股价上涨时又怕利润回吐，过早卖出。恐惧并不可怕，真正可怕的是被恐惧支配。学会与恐惧共处，制定明确的投资规则，才能避免被情绪牵着鼻子走。

3 过度自信：我们往往高估了自己的能力

知识幻觉和控制幻觉都会让我们过度自信，过度自信会让我们频繁交易，忽视风险，甚至觉得自己能掌控市场。但市场从来不会按我们的预期走，过度自信只会让我们摔得更惨。投资者要保持谦逊，时刻提醒自己：市场永远是对的。

4 妒忌：我要赚得跟他一样多

妒忌会让我们盲目跟风，做出不理性的投资决策；妒忌会让我们想要更多，盲目冒险。投资不是比赛，投资者不需要、也不应该跟别人比，只要比过去的自己更好，你就是赢家。别让妒忌毁了你的投资心态。

5 从众：大家都买的，一定就是好的

从众心理让我们觉得“跟着大家走，总不会错”，从众行为给大众提供了强大的安全感。但历史告诉我们，在投资中，大多数人的选择往往是错的。投资需要独立思考，盲目跟风只会让你失败。

6 损失厌恶：亏钱的感觉太难受了

亏钱的感觉比赚钱的感觉强烈得多，这是人类的生物本能。但投资中，亏损是不可避免的，它就像我们做生意要付出的成本一样。如果投资者因为会亏损而不敢止损，只会越陷越深。投资者要学会接受亏损，把它当作投资的一部分，才能走得更远。

7 赌徒心理：赚钱太快也不是好事

赚快钱的感觉确实让人上瘾，但投资不是赌博，频繁交易、加杠杆、孤注一掷，这些行为只会让你在市场中“裸奔”。稳扎稳打才是投资长赢之道，一夜暴富的神话往往是陷阱。

8 懊悔：不卖就不会亏，更不会难受

懊悔情绪让我们害怕面对亏损，“卖盈持亏”结果越套越深。投资面向未来，过去的错误已经无法改变，投资者只有学会及时止损，才能避免更大的损失。

核心结论

别让情绪“坑”了你

投资的路上，最大的敌人往往是我们自己。贪婪、恐惧、过度自信、妒忌……这些情绪就像一个个“坑”，稍不注意就会让我们掉进去。想要在市场中长期生存，光靠技术可不行，投资者还得学会管理自己的情绪。投资是一场与自己的博弈，只有避免这些心理误区，避免情绪化交易，投资者才能真正走向理性与成熟。

所以，下次当你觉得自己“上头”的时候，不妨停下来，问问自己：是不是又被情绪“坑”了？

5

第 5 章

行为扫雷：这些常见的“坑”你踩过多少

过分想证明自己：当你想证明自己的时候，你已经输了

投资最容易放大人性，尤其是股票投资。一般人玩游戏输多了就会收手，因为知道自己是全凭运气。但是股票投资不会，我们很少会认为自己参与股票买卖是全凭运气。但事实上，大部分人参与股票投资运气成分较大。

股票投资的门派有很多：价值投资派、图表技术派、龙头打板流、量化投资派等，各个派别都有能在市场上赚到大钱的人。所以很容易让初级投资者认为只要学会这些门派的功夫，也能在市场中如鱼得水。殊不知，各个门派的高人，大多经历过生死考验，才练成绝世武功。他们更不知道，真正决定高手投资胜负的不是看得到的武功秘籍，而是看不到的内心心境。

当投资者盈利了几次后，会认为自己就是那个幸运儿，是那个能成为绝世高手的人，认为自己能够战胜市场。

其实当你有这种想证明自己、想战胜市场的心态的时候，你已经输了。

刚进入市场的投资者，一般会有以下几种心理状态。

一天不赚钱就难受

经典投资名著《漫步华尔街》的作者马尔基尔在 1973 年曾经做过一个试验，蒙上一只猴子的眼睛，让它向报纸的金融版掷飞镖来选股，用猴子选中的股票组成投资组合并与那些专家精心挑选的投资组合相比，结果是两者盈利能力一样好。这个试验虽然有点荒诞，由此得出的结论也未必合理，但是也在一定程度上证明了市场充满随机性。

很多投资者一旦买入了股票，就恨不得每时每刻都查看股票走势，赚钱了就很开心，亏钱了就很难受，情绪完全被股票的波动所牵动。

股票不会因为我们多关注一分就多涨一毛。成熟的投资者都知道，股票大部分时间的涨跌对投资组合的影响甚微，只有流畅性的上涨行情才是有效的赚钱时刻。所以，成熟的投资者平时面对股票涨跌都能保持平和中正的心态。

追涨杀跌，过度交易

过度交易可以说是投资者最常犯的错。产生过度交易的主要原因是投资者总想每天、每次交易都赚钱，所以会缺乏耐心。

投资者只要参与到市场中，就很难独立做交易而不被干扰。股票市场每天都有涨停的股票，每个阶段都会有连续大涨的股票，投资者每天都会被身边的人或网络信息影响，这些都会刺激多巴胺的分泌，让他们误以为自己也可以赚到那些钱，换一个股票就可以马上赚钱。

可事实是没有哪个投资大神可以通过频繁交易获得财富。哪怕是巴菲特这样的股神，也逃不过投资中的“二八原则”——80% 的利润由 20% 的股票贡献。频繁交易很难在一个股票上赚到大钱。

投资者一旦陷入追涨杀跌的过度交易中，越想主动战胜市场，越会亏损更大。投资就像手握着沙子一样，你握得越紧，财富就越远离你。

寻找交易圣杯，企图时刻战胜市场

还有一种心态是初级投资者也很容易出现的。很多投资者企图寻找一个交易圣杯，想要寻找一个指标、一种方法，在任何行情下都能战胜市场，取得超额收益。但是经过无数前人的验证，寻找交易圣杯最终的结果只会是失败。

股票的波动不仅受经济环境、货币政策、行业政策、企业盈利等的影响，还受到很多外部因素的影响，如国际环境、投资者情绪和预期等。所以没有一种交易方法能保证在任何时候都能战胜市场。

投资不是纯技术活，不是纯科学，更多的时间是在进行人性博弈。当行情没有出现能力圈内的交易机会时，投资者能不能守得住系统的边界，不做能力圈以外的交易；当行情出现超预期时，无论超预期好还是超预期差，投资者能不能抵得住贪婪和恐惧，这些才是决定投资胜负的关键因素。

真正的交易圣杯不在交易方法上，而在心中。投资者真正要战胜的不是市场，而是自己的人性。

任何想要主动战胜市场的行为都可能把投资者带到沟里。投资者不需要向任何人证明自己的投资能力，一旦过分想要证明自己，心态上就已经输了。

复盘时刻

1. 投资者企图主动战胜市场，想要每天都赚钱，想要找到交易圣杯，这些行为都会把投资者带到沟里。
2. 投资者不需要证明自己，一旦想要过分证明自己，就已经输了。

投资过于随意：买不买、怎么买，全看心情

投资中有一句著名的话："计划你的交易，交易你的计划。"这句话的意思是做投资交易前要事先制订计划，交易时要严格执行计划，千万不要在盘中随意根据情绪和即时想法做交易。

然而，绝大部分的投资者都不会事先制订投资计划。他们听说哪只股票好就买哪只，想要买哪只就买哪只，想要什么时候卖就什么时候卖，一切全凭自己的喜好和情绪。

不管为什么买，只要觉得能赚钱就行

市场每天都充斥着大量的信息，比如专家和媒体推荐、新的题材热点、市盈率很低、价格下跌了很多……投资者获取这些信息后，很容易立马得出值得买入的结论，并且认为自己的投资很有逻辑。其实他们买卖股票只有一个逻辑——内心觉得它会涨。大部分的投资者并不会认真分析股票的各种基本面和技术面信息，更不会考虑股票对于整体持仓组合的影响，他们只是全凭自己的猜测认为这只股票会上涨而买入。

这是因为绝大多数投资者都没有建立自己的投资体系，没

有付出时间去打造自己的投资体系。不学习、不敬畏投资的人，不可能在市场中持续稳定盈利。哪怕短期赚到了钱，最终也会还给市场，因为那是靠运气得来的钱。

没有制订交易计划

很多投资者都没有制订交易计划的习惯，哪怕稍微有点资历的股票投资者，很多人也只是把交易计划在脑子中过了一遍，并没有形成把交易计划写出来的习惯。

根据我多年的经验及和很多成熟投资者的交流，我发现：制订交易计划是整个投资过程中最重要的一环。交易计划最大的作用就是避免人性对投资决策的影响。一般的交易计划都在股市开盘前制订，这样可以有效避免盘中情绪对我们制订交易计划的影响。

建议投资者用白纸黑字把交易计划写出来，不能只是在脑子里面形成想法。因为在脑子里面形成的想法，往往都是比较粗糙的，不够细致全面的，很容易失效，并且没办法事后复盘。

没有复盘交易计划

投资者不仅要写下交易计划，还要对交易计划进行复盘，这也是很多投资者容易忽略的一步。很多人会觉得都把计划写出来并执行了，为什么还要复盘？

因为写出来的计划不是能够被百分之百执行的。没有执行的原因有很多，有些可能是股票自身涨跌的原因，比如你决定明天股票开盘涨 3% 以内就买，但是一开盘股票就大涨超过 3% 并一路高走，你没办法买入；也有些可能是投资者自身的原因，制订了计划却不执行。

交易计划的复盘，不仅要写计划的实际执行情况，还要记录执行计划时的情绪和想法波动，执行的时候到底是轻松的、愉快的、有信心的，还是贪婪的、恐惧的、忐忑的等。尝试去分析为什么会有这样的情绪，到底是计划制订不合理，还是自己的情绪被市场牵动了。

制订交易计划，并做交易计划复盘，是特别重要且对投资者帮助很大的事。初级投资者和成熟投资者之间，就差了一份交易计划。

复盘时刻

1. 计划你的交易，交易你的计划。
2. 写下你的计划，复盘你的计划。

缺乏风险意识：投资就有风险，怕风险就不要投资

我们在进行很多类型投资的时候，都需要做一份风险评估测试。比如我们去银行买理财产品，系统会根据我们的回答划分不同的风险偏好等级。一般分为激进型、积极型、稳健型、谨慎型、保守型。金融产品或服务也会划分不同的等级，一般分为低风险（R1）、中低风险（R2）、中风险（R3）、中高风险（R4）、高风险（R5）。

这些风险等级划分和测评目的是帮助投资者根据自身的风险承受能力选择合适的产品或服务。

然而，以上测评在实际运用中很少发挥作用。投资者一旦进入股市，该怎么买还是怎么买，完全忘了自己是一个低风险偏好的人。

投资有风险，入市需谨慎，这是我们经常挂在嘴边的话，但却一直没有进入我们的心里。

投资者缺乏风险意识，主要体现在几个方面。

完全没有风险意识

之前我们说过，再聪明的人一旦投资，智商都会瞬间降低

好几个等级。因为股票投资会极大刺激并放大人性贪婪和恐惧的一面，会让人们只想着盈利，而忽略了最重要的风险意识。

他们根本意识不到股价短期的波动是随机的，试图抓住股价的每一次波动；他们根本意识不到自己其实不是在严肃投资，而是在随性赌博；他们看到股市近期行情很好，就会想要进场捞一把，赚一笔就走；他们会加很高的杠杆，企图一夜暴富；他们会用永远都不能亏损的钱来投资，比如用教育费、生活费或养老金；他们会用短期需要用到的钱来投资；他们甚至从来没想过，万一亏损怎么办，亏多少就离场……

这些都是投资者缺乏风险意识的常见表现。没有风险意识的投资者，就像没有系安全带开车的司机，随时都有翻车的风险。

承担了过度的风险

正如我们上面所说，很多投资者在投资的时候都会忽略自己的风险评级，直接被市场情绪拉高了风险偏好。自己本来是一个低风险偏好的投资者，却因诱惑成为一位高风险投资者，过度承担了自己不能承担的风险。

承担更多风险，固然可能会带来更高的收益，但也加剧了财富的波动和失败的可能性。其实很多投资者的钱都不是长时间一点一点慢慢亏光的。很多投资者在短期内承担了过大的风险，大幅亏损而失败离场。

难道中低风险投资者就不能参与股市投资了吗？

答案是肯定可以参与，毕竟股市投资也有低风险的投资策略。其实只要投资者清晰地知道自己投资标的的风险大小和自己可能承受的亏损程度，根据自己的实际风险偏好，有意识地控制风险，就能把股市投资的风险控制在自己能承受的范围内。这样的投资哪怕是与风险测评错配，我认为也是合适的。

怎样知道风险是否错配过度呢？我认为巴菲特的话很好地解答了这个问题。

巴菲特曾经说过：“我不会为了额外获利的机会而牺牲哪怕一晚的睡眠。”所以当我们的持仓让我们晚上睡不着觉，就代表持仓过重了，或者投资标的不合适，这时候就需要对组合进行减仓或调整处理了。

风险和收益不匹配

很多人会认为假设银行理财风险的年化收益率是 3%，风险系数是 1.0；如果想要 6% 的收益率，那风险系数就是 2.0；如果想要 12% 的收益率，那风险系数就应该是 4.0。

但其实并不是。在投资的现实世界中，风险和收益大多数情况下都不是线性的。

可能你选择的 6% 年化收益率的投资产品，风险系数比年化收益率 12% 的还要高，因为两者的底层资产和策略不一样。

最典型的案例就是私人借款，你以为风险系数是 2.0，但其实真实的风险系数可能是 4.0 甚至更高，因为借款存在全部损失的可能。又如一只股票跌了很多，你认为风险很低，反弹收益预期很高，没想到买入后还继续大幅下跌，因为它的业绩持续下滑。

风险意识是投资者最需要具备的基本意识。投资的本质就是一场风险识别和控制的游戏，谁能更精准识别风险，控制风险，谁就能活得越久，就能成为最后的大赢家。

复盘时刻

1. 投资者很容易只想着收益却忽视了风险，承担过度的风险，导致投资失败。
2. 投资的本质就是一场风险识别和控制游戏，谁能更精准识别风险，更合理控制风险，谁就能成为最后的赢家。

喜欢预测市场：预测越准，亏损越狠

喜欢预测是人类与生俱来的习惯，这有利于人类逃避猛兽攻击的危险，也有利于找到更多的食物。

我们之前说过《漫步华尔街》中猴子扔飞镖选股票的案例，市场的短期波动是随机的。但是即使意识到这个结论，人们在做投资交易的时候还是会喜欢预测市场的波动，想要通过掌握波动盈利。

其实预测市场完全没问题，毕竟我们做的所有交易都建立在对未来的主观预测基础上。哪怕是巴菲特这样的价值投资者，做的是超长线的投资，不在意股价短期的波动，也需要基于这个股票未来会上涨的预测来投资。所以投资中做预测是必然的事情。

问题是投资者会过分预测，具体表现在以下几个方面。

预测具体精确数字

很多投资者做预测的时候，会给出很精确的数字。比如根据技术指标划线分析，指数会涨到多少点，甚至还精确到小数点后两位。又或者根据财务和估值分析，股票的价格会为多少元，在多少元卖出是合理的。

股价的短期波动是随机的。站在具体某个点位或价格来看，当价格运行到这个位置的时候就是随机经过，可能高于该价格，一下就冲过去，甚至继续上涨很多；也可能低于该价格，不到那个价格就掉头下跌。

我们需要做的不是预测精确的点位，而是需要一个模糊的区间就可以了。任何复杂的精密的计算都不如模糊地看准这个大趋势。我们宁愿要模糊的正确，也不要精确的错误。

投资者预测得越精确，越容易不自觉地给自己扔下一个价格锚。它会影响我们最终的卖出决策，我们的卖出很容易死板地依据价格，而不是依据当时的市场或股票的真实情况。

重预测，轻应对

过分重视预测的投资者就是在不断给自己“确定性”的心理暗示。让自己潜意识认为市场接下来就要这么走，如果不是，那一定是市场错了。

人很难否定自己的结论。过分重视和相信自己预测的结果，一旦行情走势没有按照预测结果走，投资者就很难做出预测以外的应对动作。

前面说过，我们的预测都是主观的，而市场行情走势是客观的。当我们的主观预测偏离客观走势的时候，我们需要修正应对动作。只有当主观预测和应对动作越来越靠近客观走势的时候，我们的投资才会越容易成功。

在投资中，预测准确很重要，但应对更重要。

压重注，不留后手

过分重视预测的投资者还会存在一个严重问题，就是过分相信自己的预测然后直接下重注，完全不给自己留后手，没有留出容错空间。

很多投资者认为，经过自己一大轮分析，这只股票未来一定会涨到多少，有多少上涨空间，现在是低位，马上要上涨，必须全仓买入。殊不知，影响股票价格的因素不仅是估值，还有市场的整体行情走势和投资者的情绪，一旦在自己的某个预测上压了重注，而走势与预测相反，整个投资组合就很被动。

成熟的投资者也会有很多预测，但哪怕一个预测看起来多么完美和确定，也一定不会在某一个预测上下重注，让自己有被重重击倒的风险。

预测是投资必备的技能，也是必须做的事情。预测准确很重要，但能够承认自己很可能预测不准确更重要。

复盘时刻

1. 过度预测会让投资者锚定一个具体的价格，影响了投资者依据现实情况做出决策调整。
2. 预测准确很重要，但更重要的是承认自己可能预测不准确，以及明白如何应对。

复盘时刻：投资者常犯的错误——为什么我们总是“踩坑”？

1 过分想证明自己：当你想证明自己的时候，你已经输了

新手投资者一天不赚钱就难受，并且企图找到一种方法时刻战胜市场。投资不是一场“秀”，不需要向任何人证明你的能力，越想证明自己，越容易掉进市场的陷阱。真正的赢家，往往是那些低调、耐心、懂得等待的人。

2 投资过于随意：买不买、怎么买，全看心情

投资不是买菜，不能全凭心情，股票更不会按照你的意愿上涨。没有计划的交易，就像没有地图的旅行，注定会迷路。“计划你的交易，交易你的计划”，这才是投资的正确方式。

3 缺乏风险意识：投资就有风险，怕风险就不要投资

大部分投资者进场投资，心里只想着赚钱，却从来没想过亏钱怎么办，直到真正亏钱了才给自己找一个借口开脱。投资中最可怕的不是亏钱，而是你根本不知道自己在冒多大的风险。“风险意识是投资的第一课”，只有清楚自己能承受多少风险，才能在市场中走得更远。

4 喜欢预测市场：预测越准，亏损越狠

新手投资者每天盯着各种新闻、数据，试图预测每一个波动，生怕错过机会。但市场从来不会按你的预测走。过度预测只会让你陷入“精确的错误”，而忽略了“模糊的正确”。投资不是算命，应对比预测更重要。

核心结论

别让这些错误“坑”了你

投资路上，最大的敌人往往是我们自己。过分自信、随意交易、忽视风险、过度预测……这些错误看似简单，却常常让我们在市场中“踩坑”。想要在市场中长期生存，光靠技术可不行，还得学会避免这些常见的错误。投资是一场与自己的博弈，只有纠正了这些错误，才能真正走向理性与成熟。

所以，下次当你觉得自己“上头”的时候，不妨停下来问问自己：是不是又犯了这些错误？

Part Three

第三篇

认知复利

6

第 6 章

反脆弱框架：如何在市场立于不败之地

尊重市场：市场永远都不会错

在《聪明的投资者》中，格雷厄姆把股票市场比喻成一个人，他的名字叫“市场先生”。市场先生是一个精力特别旺盛、不太善于判断、不太聪明但也不坏的人。他每天早上起来后做的第一件事就是给你吆喝各种各样的价格，不管你感不感兴趣，他都不停地吆喝。市场先生的情绪变化无常，有时候他对未来特别乐观，价格就叫得非常高；有时候他特别悲观，价格就会喊得很低。

和市场先生相对应的是另一个称作“价值先生”的人。价值先生的性格与市场先生完全不同，他性格稳重甚至有些木讷，从不表露任何情感，也从不透露任何信息。价值先生稳重、客观，看待事物不带有个人见解或者情感色彩，他日复一日地在车间、仓库和商店里忙碌，承担着真正的经济工作。

不同投资风格的投资者会用不同的方式跟市场先生打交道，并没有对错和好坏。但有一条标准所有投资者都应该遵守，就是尊重市场。不仅仅是尊重市场先生的情绪和价格行为，也要尊重市场的客观规律。

投资者要理解市场先生的情绪波动，了解他大部分时间的情绪都是不可预测的，变化很大。要认识到大部分时间他的报价都是随机的，我们很难反复从他身上获利。投资者既要尽量跟市场先生熟，找到跟他相处的方式，又不能离他很近，避免受他的情绪影响。

投资者要尊重市场的客观规律。市场不会因为我们看好一只股票就不下跌了，也不会因为我们不看好一只股票而不上涨。市场有自己独立的走势，并且大部分时候的走势都跟我们预想的不一样。

当市场的走势跟自己预设不一致时，比如看好的个股一路下跌，投资者会怎么想？是认为市场错了，还是自己的判断错了，又或者是都没错，这一点对投资胜负的影响至关重要。

我们完全没必要分清市场和自己谁对谁错，否则就会陷入二元对立的局面。我们只需要保持中正客观的态度看待市场走势就可以了，当市场的走势和我们预设的不一样时，我们能不能接纳，能不能冷静分析原因并且做出合理的应对？

不争对错，只分析、应对，这才是真正尊重市场。

尊重市场的底层思维是一种反省思维。投资者只有认识到自己的局限性，认识到自己在市场面前的渺小，才不会去跟市场争对错。只有认识到市场走势永远都是客观事实，才会去反思自己可能存在判断失误，只有认识到自己可能错了，才会去检查、反思和形成有效的应对策略。

市场就像洪水，我们的投资组合就像洪水中的船，投资者是船长，股票就像船上的船员。无论船长和船员多用力，最终我们的投资组合的波动其实都会跟随市场大洪水而波动。如果不承认市场洪水的力量很大，看不到自己只是滔滔洪水中的一叶扁舟，投资者很容易逆水行舟，最终翻船。

复盘时刻

1. 投资者要尊重市场先生的情绪化行为，要尊重市场的客观规律。
2. 市场就像洪水，力量很大，投资者切忌逆水行舟。
3. 尊重市场是一种反省思维，投资者永远都要思考自己可能错在哪里，投资风险在哪里。

赚钱的原因比赚钱更重要

我经常说："我们要拥有第二层思维，凡事多想一层，多做一步。"这个第二层思维就是开启财富进化之路的关键思维。

当我们在面对事物或决策时，我们的思维深度能不能比大部分人都深，想到大部分人都不会想到的问题。我们做事情的时候，有没有考虑到更多维度，比大部分人都多做一点点。这样每次都比别人思考深一点，行动多一点，长期积累，我们的个人成长和财富增长一定能达到大部分人难以企及的高度。

比如我们公司开会，很多同事会罗列数据，用来佐证他们的观点，甚至很多时候他们只是为了汇报数据，连观点都没有。会议上我经常就会问这样的问题：你的结论是什么？你从这些数据或现象中，看到了什么？问题是共性的还是个性的？是核心问题还是干扰项？是很难解决需要我支持的还是只是想抛出来跟大家同步的？

再如一件事情准备好了，我有时候也会问同事，还有什么能做得更好的吗？哪里会出现问题？他们会思考并给我答案。然后我会问：你觉得刚刚说的这些，有必要去做吗？如果我们认为有必要就去做，如果我们都认为没必要，那就不做。

一开始我的同事不习惯这种风格，大部分人都是"打工人"心态，不愿意去深度思考。但是久而久之，他们喜欢上了这种风格，因为通过这样的思考，每个人都成长很快。我是一个重视过程大于结果的人，我认为结果不是喊出来的，而是通过过程干出来的，只要过程好了，结果自然而然就会好。

在投资中也是一样，我很少去看投资的结果，我也不会预测投资的结果。我更多的是看投资的策略和流程是否合理、执行得怎么样、整个过程中的情绪波动如何、遇到问题怎么解决，我每天做的事情都是这些，而不是去看股票涨跌，去看赚了多少钱。

投资的结果不是我幻想出来的，也不是我特别用力主动求出来的。我没办法控制最终的结果，我也没办法控制市场的波动，我能控制的只有我自己的思维和行为。所以我们团队日常将99%的精力都花在了投资的过程上，而不是最终的盈亏上。

但是大部分投资者都做不到，他们眼睛盯着的都是股票的波动和账户市值的波动，从来不会复盘这笔投资为什么会成功或亏损，有没有违反纪律，有没有优化的可能。

大部分人只关注最终的结果，而不关注输赢的原因。

真正让我们赢得投资这场战斗的是我们对过程的管控。我们有没有一套适合自己的、合理的投资体系，有没有完善的决策流程，有没有定期复盘的习惯，这些日常一点一滴看似枯燥的工作，才是最终决定投资胜负的关键。而不是我们每天对市场机会的关注，更不是我们对赚钱的预期。

聪明的投资者都爱体系，大众只爱机会。

好的机会绝对不是我们拼命求来的，我们耐心把自己的投资之网织好，机会自然会主动落入网中。我们织的网越密，层次越多，韧性越足，越能网罗好的机会，越容易实现盈利。

我们没办法掌控投资的波动和结果，所以我们只能去思考我们能做什么，可以让投资结果更好。一步一步地把每一个能让我们的投资结果更好的事情搭建起来，这就是多想一层、多做一步的第二层思维。

投资不可能一帆风顺，甚至大部分时候都不顺利。顺利的时候如何保持警觉，开心享受投资结果；不顺利的时候，怎么控制风险，做出合理应对，这是投资者每天都要面对的事情。投资者保持独立的深度思考，才是投资取得最终胜利的关键。

投资者每天都要学习和思考，通过学习不断拓展自己的认知，让自己的投资之网越来越密，层次越来越多，通过不断反思总结，让自己的投资之网越来越有韧性。

复盘时刻

1. 凡事多想一层、多做一步的第二层思维是开启财富进化之路的关键。
2. 大部分人只关注赚钱结果，不关注赚钱原因，但赚钱结果是不可预测、不可控的，投资者能控制的只有自己的思维和行为。
3. 普通投资者追寻结果，到处寻找投资机会；成熟投资者追寻原因，只需要把投资之网织好，好机会自然会到来。

先不败而后求战：《孙子兵法》教会我们的投资道理

《孙子兵法》有云："是故百战百胜，非善之善也；不战而屈人之兵，善之善者也。"先不败而后求战，这是《孙子兵法》的核心思想。《孙子兵法》教我们怎么能不打仗、怎么用最小的代价获得战斗的胜利。《孙子兵法》不是教我们奇招制胜，而是教我们不战而胜，特别值得每个人读一读。

同样强调不能失败的还有巴菲特和查理·芒格。巴菲特说："成功的秘诀有三条。第一，尽量避免风险，保住本金；第二，尽量避免风险，保住本金；第三，坚决牢记前两条。"查理·芒格说："我想知道我会死在哪里，这样我就永远不会去那里。"

为什么这么多投资大师都强调风险，强调保住本金，强调不能输？

有一个我特别喜欢的观点能解释这个问题。我们看到的竞技类比赛，比如网球，专业的比赛是"赢家的游戏"。因为专业运动员很少犯错，要赢得专业比赛取决于你有多少次把球打到对方的救球范围外。而业余比赛是"输家的游戏"，因为业余球员很少击败对手，他们常常被自己的失误击败。

"赢家的游戏"的结果由赢家的正确行为所决定，"输家的

游戏”的结果由输家的错误行为所决定。

股票投资是一场“输家的游戏”。

做得越多，错得越多

我们在本书第二章中用数据佐证了市场短期波动具有很大的随机性。在这种随机波动下，投资者很容易让市场的涨跌牵引自己的情绪和决策，产生过度交易，而过度交易又会让投资者频繁产生交易错误。

投资市场有太多可以引起股价波动的因素，投资者离市场越近，看得越多，做得越多，错误也会越多。

错得越多，盈利越难

我们在本书第一章中测算过，在复利的作用下，稳定的低收益率最终的投资结果比不稳定的高收益率要好。现在我们从另外一个维度来感受亏损给最终盈利带来的伤害。

100 万元本金，涨 50%，只需要再跌 30% 就回到 100 万元的原点；涨 80%，只需要跌 45% 就回到原点；涨 10 倍，只需要跌 90% 就回到原点。

100 万元本金，亏损 20%，需要再赚回 25% 才能回到 100 万元本金；亏损 30%，要赚 43% 才能回本；亏损 50%，要赚 100% 才能回本。

收益上涨的速度，远远不及收益下跌带来的伤害。

求不败，才能求胜

每一笔投资要盈利本来就很难，而亏损一次可能需要好几次盈利才能覆盖。所以巴菲特才说，投资最重要的是要尽量避免风险，保住本金。

投资并不需要取得惊天动地的大胜利，减少错误就能让我们的投资结果更好。

投资不需要主动求胜。主动求胜，反而会让自己落于失败的风险中，投资只需要做到努力求不败，就能等到真正大机会的到来。

求胜和求不败，是两种不同的思维。求胜是放大自己，缩小市场和风险的思维。求不败是缩小自己，放大市场和风险的思维。

股票投资是一场“输家的游戏”，只有缩小自己，才能敬畏市场，敬畏风险，才能少犯错。

只有先不败，才有机会取得胜利。

复盘时刻

1. 股票投资是一场“输家的游戏”，不取决于投资者做对了多少，而取决于少犯了多少错。
2. 股票波动无常，投资做得越多，错就越多，盈利越难。
3. 股票投资，先求不败，而后能求战；先求不败，而后能求胜。

大局思维：关注整体而非局部

投资跟战争很像，每一笔投资就是一场战役。我们没办法保证每一场战役的胜利，也不需要保证每一场战役都拼尽性命取胜，这样反而有被对手一次全歼灭的危险。我们应该坚守打得过就狠狠打，打不过就不打，打不赢就逃的策略。允许在局部战役上失败甚至主动放弃，但是在关键战役上绝不能手软。

局部战役的胜利不是关键，关键的是要赢得重要战役的胜利，赢得整体战争的胜利。

就像我们下围棋，一子一地的得失就是局部。盯着局部下棋，往往会因小失大。下棋高手不会只盯着一处的得失，他们虽然有时会投入局部战役，但是一直着眼更大的布局，把控棋盘上整体的局势走向，保证胜利。

投资也一样，投资不应该只关注局部胜利，而更应该关注整体。

那什么是投资的局部，什么是投资的整体？

关注某一笔具体投资的胜负，关注短期的盈亏，是关注局部；关注整个账户的盈亏，关注长期的盈亏，是关注整体。

比如很多投资者特别在意每一笔交易的短期涨跌，每天都盯着股票账户的波动，涨了就开心，想要卖掉；跌了就不开心，死死捂着等回本。他们的注意力都被股票的涨跌吸引了，但盯着股票对取得最终的胜利并没有一点好处。

事实上，我们说过股票投资符合二八定律。真正决定最终投资收益的只有 20% 的股票，其余 80% 的股票都是小亏小赢，并不影响最终的账户收益。而股票也只有在 20% 的时间里涨幅巨大，其余 80% 的时间里都是随机波动，也并不影响最终的账户收益。

但问题是我们不可能事先知道这 20% 的股票和 20% 的时间会在哪里出现。所以投资者如果过分关注局部，关注某一只股票的涨跌，关注股票账户短期的盈亏都是在做无用功。

投资者正确的做法是从整体的角度看待投资组合。就像我们打篮球，不会只看一个球员的得分表现，整个球队的防守、传球配合及战术执行，对于球队最终的胜利更加重要。

投资更应该关注账户整体情况

很多投资者在买入或卖出一只股票时，只会考虑这只股票自身的涨跌，很少去关注这只股票的买入或卖出，对于整个投资账户会造成怎样的影响。买入的股票会不会都集中在同一个行业，单一股票仓位会不会过大，会不会在一个下跌亏损股票上不断补仓影响了其他股票的操作等，这些都是我们需要考虑的。

除了关注某只股票的买卖对投资账户的影响，投资者还要考虑投资组合中不同资产的配置情况。从账户整体的角度来审视现金类资产、债券类资产、股票类资产的配置，审视股票类资产中高波动股票和低波动股票或指数基金的配置，这些都是投资者需要考虑的。

投资更应该关注长期盈亏情况

投资者除了要从整体的角度关注整个组合的配置和变动情况，还要抽离视角，从更长远的角度关注组合的长期收益情况，而非让短期的组合波动干扰自己的决策。

每个人都想投资赚钱，但不可能每个时刻都能赚钱。股市的波动是常态，更是不可预测的和不可控的。之前我们也说过无论美国还是中国股市，持有的时间越长，收益为正的概率就越大。当投资者过分关注短期收益的时候，会很容易频繁交易而错过一些大的盈利机会。

投资者切忌一叶障目，要时常让自己远离市场，要能跳出投资看投资，跳出投资做投资。功夫在诗外，投资胜负不在毫厘之间。

复盘时刻

1. 投资的局部胜利不关键，关键的是整体、长期的胜利。
2. 投资要过滤单一股票涨跌和组合短期波动的干扰，要重点关注账户整体和长期盈亏情况。

了解自己：自己才是投资最大的敌人

《孙子兵法》有云："知彼知己，百战不殆。"

我们都知道"知彼"的重要性，两军对垒时我们要花很大精力获取对方的信息，了解敌军有多少兵力、粮草、谁挂帅、作战目的和策略，了解得越深我们才能制订更有利的战术。

投资中也一样，我们都会花很多时间在研究市场和股票上，希望获取更多的信息，做更正确的决策。

但在投资中，知己比知彼更重要。

相比掌握外部的各种信息和变化，了解和控制自己才是更难的。外部信息我们可以通过各种渠道收集，可以和别人探讨，可以用投资体系过滤信息、应对风险，这些都是显化的工作，是有办法可以做好的。但是我们很难觉察和控制自己的人性，很难避免掉入我们前面提到过的思维误区和心理误区。

控制自己的人性，只能自己跟自己斗，工具和别人很难真正帮到你。

控制人性，成为投资中最难也是最重要的事。**自己才是投资最大的敌人。**

那怎么做到知己呢？投资者可以从以下几个方面来实现。

了解自己的性格

每个人都有自己独特的经历，这些经历使每个人适合的投资体系不一样。至于什么样的人适合什么方法，是不是某种性格的人就一定适合某种方法，没有确定的答案。投资者只能通过不断尝试，才能找到真正适合自己的投资体系。

比如，急躁的投资者可能会发现自己做短线的时候，变得更急躁了，导致更频繁的过度交易。这时候就可以尝试做中线投资或者长线价值投资，用投资体系强迫自己慢下来。如果实在“手痒难耐”，可以用大部分资金做中长线投资，用很小一部分资金做波段或短线交易，以应对自己急躁的性格挑战。

了解自己的风险偏好

买理财产品或做投资前测评的时候，都会划分不同的风险偏好等级。投资者应该了解自己的风险偏好，并建立相应的投资体系。

比如，你是激进型投资者，那么你的投资收益大概率会波动很大，赚钱的时候赚很多，亏钱的时候也亏很多。这时候就需要想办法提高胜率。在行情好的时候，股票处于你能力圈范围内的时候多做交易，反之则少做。

比如，你是稳健型、保守型投资者，你可能会因为谨慎错过了一些大的行情。那你就可以考虑做长线投资，选择指数或者优质个股，忽略过程中的波动，长期持有，穿越牛熊，获取最大的单一投资收益。

觉察并记录自己的心理波动

前面我们说过，投资者很难完全避免思维误区和心理误区。所以认识到误区的存在，学会伴随这些误区前行就显得很重要。

我的团队有一份投资决策检视表，里面除了会列明影响投资决策的各种信息，还有一个区域列了 10 多种思维和心理误区。每次团队制订投资决策的时候，都在检视表上一项一项对比，填写对应的信息。每天的投资复盘，我们除了记录市场信息、持仓组合波动这些情况，还要记录自己当天的心理波动。

我们用强制唤醒的方式来帮大家识别误区，让大家学会伴随误区行动。

真实面对自己

上面说的几点都是偏方法论层面的策略，可以让我们更了解自己，让投资方法、自我性格和市场更高效统一。

要做到真正了解和控制自己的人性，有一条很重要的原则，就是要真实面对自己。

真实面对自己看似容易，但其实很难做到，因为人都不喜欢评判自己。

真实面对自己，意味着能深刻觉察自己的内心世界，并且能接纳自己的一切，包括我们提到的贪婪、恐惧、自负、从众等心理，也包括接纳自己的平凡和错误。只有真实面对自己，接纳自己，才能让自己有所改变，变得真正强大。

不了解自己，经常无意识地行动，那你自己才是投资最大的敌人。一旦我们学会了解自己，改变和驾驭自己，自己才会变成投资最大的助力。

复盘时刻

1. 人很难控制自己的人性，自己才是投资最大的敌人。所以投资中，知己比知彼更重要。
2. 投资者要充分了解自己，真实面对自己，才能做到知彼知己，百战不殆。
3. 不了解自己，自己才是投资最大的敌人。一旦学会了解和驾驭自己，自己会变成投资最大的助力。

知行合一：高度统一的投资哲学

英国前首相撒切尔夫人说："注意你的思想，因为它将变成言辞；注意你的言辞，因为它将变成行动；注意你的行动，因为它将变成习惯；注意你的习惯，因为它将变成性格；注意你的性格，因为它将决定你的命运。"

人们获得什么样的结果，取决于他们采取了什么样的行为；人们的行为模式，取决于他们拥有什么样的思维模式；人们的思维模式，又取决于他们拥有什么样的信念系统。

信念系统决定思维模式，思维模式决定行为模式，行为模式决定人生成果。反过来亦然，行为模式可以反向塑造思维模式，思维模式可以反向塑造信念系统（见图 6-1）。

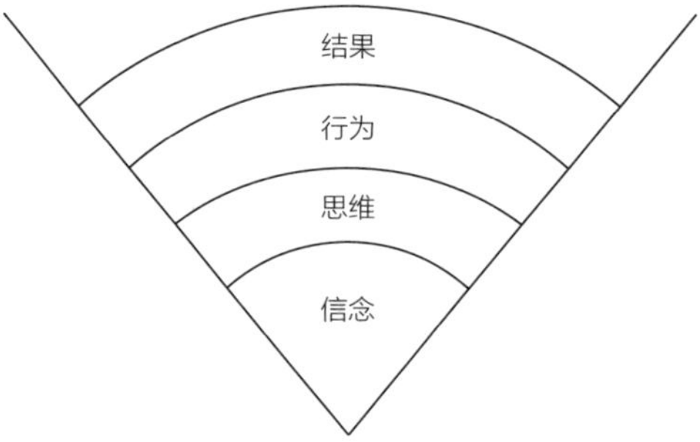

图 6-1　信念 – 思维 – 行为 – 结果

在投资上也一样。表面上看，投资的业绩跟我们选对了多少股票、规避了多少风险直接相关。我们用前面提到的“第二层思维”再深入思考一层，我们为什么会做出这样的投资决定，打造出这样一套投资体系？它是由我们的投资认知和思维决定的，而我们的投资认知和思维的形成，又受到我们过往经历和信念的影响。

当信念、思维、行为高度统一的时候，我们才有可能做出连续、稳定、统一的投资动作。当投资动作能长期与市场客观走势匹配的时候，我们就能获得好的投资结果。

所以投资结果看似由我们采取的行为决定，但其实由我们整个人的信念、思维、行为系统相互作用决定，是知行合一的结果。

说了这么多、这么复杂，我到底想表达什么呢？

我想表达的是想要做好投资，绝对不是简简单单把别人的投资方法复制过来就可以了。如果这么简单，那世界上这么多复制巴菲特投资方法的人，早就成为巴菲特了。

我想表达的是如果你没有办法看到自己的思维模式和信念系统，就没有办法去面对和驾驭自己在投资中的各种情绪，也没有办法调整自己的行为。

我想表达的是既然行为可以反向塑造思维，那我们也可以通过加强自己的行为，来让自己的投资思维、心态和结果变得更好、更稳定。

厉害的投资大师都是知行合一的人。他们拥有一套自己对于世界、财富和人生的理解高度统一的投资体系，并且他们在日常生活中也都能做到高度统一。

举个反常识的例子：我们细细观察会发现，越有钱的人，尤其是越厉害的投资大师，他们在生活上的物质享受，跟他们的财富远远不成正比。其中最典型的就是巴菲特。巴菲特这么多年一直生活在他出生的奥马哈小镇，开着一台普通车，他最爱吃的是汉堡，爱喝樱桃味的可乐，他喜欢看书和打桥牌，生活过得简朴节俭。

为什么投资大师这么有钱却不过奢华一点的生活？哪怕住的房子好一点、开的车豪华一点。因为他们知道，投资是一件风险很高的事情，是一件极度放大人性的事情。如果自己在投资上赚了钱就去挥霍，过上纸醉金迷的生活，那他们就离失败不远了。

一个人不可能做到在投资上很谨慎、很克制，但是在生活上却又很挥霍、很张扬。

所以投资大师一致选择了克制自己的欲望，并且在生活中也做到了克制，做到了真正的知行合一。

我和我的团队在这一点上也极其严格。如果从让别人信服我们的投资结果，能更好募集到投资的角度来讲，我们应该开豪华的车，租豪华的办公室，这好像已经成为这个行业要做大资产规模的标准共识。

但是我没有选择走这条路，我不想花过多的时间在门面和营销上，这会干扰我和团队。我更喜欢讲课，给客户讲市场环境、投资逻辑，给广大用户普及财富观念。我更愿意花时间在学习上，严格控制支出，能更好地倒逼我专心致志做好投资。

所以我们的办公室没有设在核心地段，我们不允许晚上喝酒放纵，我们做的活动和课程，都是在经营客户的深度关系，我们跟客户处成了生活上的朋友，互相支持。这些就是我们团队知行合一的行为，这些行为不仅是团队思维和文化的体现，这些行为也反向加强了我们的团队文化。

复盘时刻

1. 信念决定思维，思维影响行动。行动塑造思维，思维塑造信念。
2. 投资是信念、思维和行为高度统一的结果。
3. 我们不仅要在行为上做好投资，还要觉察自己的信念和思维。我们还可以通过调整行为，反向塑造思维和信念。这三者是相互促进的关系。

复盘时刻：不败的投资思维——如何在市场中立于不败之地？

1 **尊重市场：**市场就像一位情绪化的市场先生，他的脾气谁也摸不准。股价不会因为我们的喜好而涨跌。“市场永远是对的”，错的是我们自己。不跟市场较劲，不争对错，只分析、应对，这才是真正尊重市场。只有做到这一点，才能在投资中走得更远。

2 **赚钱的原因比赚钱更重要：**结果固然重要，但怎么实现结果更重要。投资中，关注赚钱的原因比关注赚多少钱，更有价值。只有搞清楚自己为什么赚钱，怎么才能稳定赚钱，怎么才能避免亏大钱，才能在未来的投资中持续成功。

3 **先不败而后求战：**投资不是一场“赢家的游戏”，而是一场“输家的游戏”。你不需要每次都赢，只要少犯错，就能在市场中生存下来，然后做对几次关键决策，就能获得很好的成绩。先求不败，再求胜，这才是投资的真谛。保住本金比赚大钱更重要，少犯错比多赚钱更关键。

4 **大局思维：**投资不是一场“局部战役”，而是一场“全局战争”。关注账户整体的盈亏，而不是某只股票的涨跌；关注账户的长期盈亏，而不是短期涨跌，这才是成熟投资者该有的思维。投资是一场马拉松，不是短跑，只有从全局出发，才能走得更稳、更远。

5 **了解自己：**投资中，最大的敌人往往是我们自己，各种思维偏见和心理误区都会让我们做出不理性的决策。投资者只有了解自己，真实面对自己，控制好自己的情绪，才能在市场中立于不败之地。

6 **知行合一：**投资不仅仅是技术活，更是“信念－思维－行为”的高度统一，是工作、生活、投资、人生的高度统一。知行合一是投资的最高境界。你不仅要知道怎么做才能在投资中赚钱，还要真真正正地做到。投资是一场与世界、与他人、与自己的博弈，只有信念、思维和行为高度统一，才能在市场中走得更远。

核心结论

不败的投资思维，让你在市场中稳如泰山。

投资路上，最大的敌人往往是我们自己。尊重市场、关注过程、先求不败、大局思维、了解自己、知行合一……这些不败的投资思维看似简单，但却是关乎投资胜败的思维。想要在市场中长期生存，光靠技术可不行，还得学会并践行这些思维模式。

所以，下次当你觉得自己“上头”的时候，不妨停下来问问自己：是不是又忘了这些不败的投资思维？

7

第 7 章

精准进攻：如何用 20% 决策捕获 80% 收益

能力圈：只击打甜蜜区的球

坚守能力圈是巴菲特最核心的投资理念之一。

巴菲特非常崇拜职业棒球球员泰德·威廉斯，以至于巴菲特在办公室都挂着威廉斯击球的照片。巴菲特从威廉斯的书《击球的科学》中学到了很多关于投资的哲学，特别是能力圈和耐心等待合适机会。

巴菲特说："投资的优势是你不必急于挥棒，你可以观察每一次投球的位置高低，在这里没有裁判会因为你没挥棒判你出局，你可以慢慢等到你最想打的那颗球。""投资这件事的秘诀，就是坐在那儿看着球一次又一次飞过来，等待那个最佳的球出现在你的击球区。"

这是一个我非常喜欢的比喻，完美阐述了能力圈的三个要素：识别能力圈、遵守能力圈及耐心等待机会，这也是所有投资者都必须完成的投资流程。

投资者要充分了解自己的能力圈，知道自己擅长打哪个高度和角度的球（投资机会）。把所有的击球区分成不同热区，然后等着球（投资机会）一次次飞过，直到球落到自己的能力圈热区才挥棒。只打甜蜜区的球、有把握的球、低难度的球，才有获胜的把握。

想要做好投资，投资者第一件事就是要识别自己的能力圈。很多投资者以为能力圈越大越好，所以通过拼命学习不同的交易知识，企图不断扩大自己的能力圈，让自己尽可能多地抓住市场的机会。投资者学得越多，自以为能力圈被不断扩大，看到到处都是投资机会，每个都想抓住。殊不知每一个都不是好的机会，频繁出手，频繁失手。

这是因为他们建立的能力圈不是真正的能力圈，而是自己假想的“我知道”，这种假想的能力圈边界特别模糊、不扎实。很多人以为能力圈越大越好，但其实能力圈的大小不是关键，关键是我们要了解和夯实它的边界。

巴菲特这么多年基本投资于消费股，没有投资互联网股和科技股，甚至巴菲特跟比尔·盖茨是非常好的朋友，他也没有投资一股微软的股票，这就是巴菲特对自己能力圈的认知和坚守。巴菲特知道自己的能力圈很小，但是他的能力圈的边界却很扎实，就像坚实的护城河，也像孙悟空给唐僧画的安全圈一样，牢牢地把巴菲特保护在内。

为了遵守能力圈，巴菲特说他有三个投资盒子，分别代表“不感兴趣”、“太难”和“感兴趣”。他会把不同的投资机会放到不同的盒子中，他只会去研究那个“感兴趣”的盒子。巴菲特这样的做法可以最大限度减少干扰，专注于那些自己能看懂且非常熟悉、非常棒的投资机会，以确保每一次的投资都安全可靠。

关于耐心等待，巴菲特也有很好的比喻。他说，每个人都可以拥有一张只有 20 个孔的卡片，这 20 个孔就是他们一生中该做出投资决策的数量，孔打完了就没有了。这样投资者就会慎重做每一次的决策，即使只有 4 到 5 个是正确的，他们也会变得富有。

巴菲特成功的秘诀简单到我们都无法相信，就是去做一些简单的事情，而不是去解决难题。他不会去跨越那些 7 英尺高的栏，而是去寻找那些只有 1 英尺高，但对面却有丰厚回报的栏。

耐心找到 1 英尺的栏，轻松跨过去；耐心等待甜蜜区的球，全力击打。这就是巴菲特的能力圈投资哲学，也是投资者非常值得学习的投资哲学。

关于能力圈的认知，在投资圈里，我认为没有一个人比巴菲特做得更好了。所以在这一章中，我特别愿意用巴菲特的观点来阐述我的观点。

每个人都有自己的能力圈，每个人的能力圈都不一样。有的人可能擅长消费股投资，有的人可能擅长科技股投资，有的人可能对市场择时很有一套，有的人可能对价值投资很有一手。

总之，投资路上各路高手各显神通，外行人看得很热闹，精彩纷呈，纷纷喝彩和模仿。但内行人却很平静，因为他们只专注于自己能力圈内的机会，根本不会管别人怎么做，不会凑热闹，也不会羡慕别人。

弱水三千，我只取一瓢饮。这就是高手的境界啊！

复盘时刻

1. 投资不会因为错过机会而出局，但会因为频繁挥棒而失败。
2. 识别和夯实能力圈的边界比扩大能力圈更重要。投资者要耐心等待，只击打甜蜜区的球。
3. 投资不是去解决难题，而是找到简单题。不要跨越7英尺的栏，而是跨越1英尺的栏。

建立投资体系：感觉不可靠，体系最可靠

前面我们多次提到投资体系的重要性。可以毫不夸张地说，普通投资者和专业投资者的一个重要区别就是有没有一套完善的投资体系。

投资体系就像我们手上的武器，有人拿的是重剑，重剑无锋；有人拿的是刀，大开大合；有人拿的是弓箭，百步穿杨。而没有自己的投资体系，随意买卖的人，就像赤手空拳上战场一样，赢了都只是因为运气，乱拳打死了老师傅。

一套完整的投资体系，不仅可以让我们有逻辑、有方法、有纪律地持续在市场赚到钱，它更重要的作用在于对人性的约束。

我们都知道人的大脑有两套系统，快系统和慢系统。快系统由情感、直觉、经验驱动，更趋近动物本能，决策速度很快，负责我们日常大部分的决策。慢系统需要有意识地、通过调动注意力来启动，运行速度很慢也很耗能。快系统和慢系统相辅相成、相互作用。

投资是一个复杂的过程。投资交易的时候，我们会思考为什么要买、买多少、什么时候买，买卖的过程也会伴随贪婪和

恐惧等情绪，这是快系统和慢系统共同作用的结果。

每一个投资过程都伴随两个系统的作用。只是大部分人的投资决策跟日常大部分决策一样，快系统的主导力量比较大，完全压过了慢系统的力量。所以大部分人在投资的时候，都会出现道听途说交易、情绪化交易、过度交易等随意交易的行为，并不会真正深入思考到底为什么买，上涨的逻辑是什么，买错了怎么办等。

大部分人的投资决策都是靠感觉，而不是靠思考和体系。

人类的大脑天性就不爱思考，对数字也不敏感。之前我们提到的损失厌恶就是典型的代表，人们面对同样的损失和收益时，损失的痛苦程度是收益的 2 倍。所以人们在交易的时候，很容易因为股票的涨跌、账户的盈亏，增强快系统的力量。

快系统的力量本来就比慢系统强大，一旦快系统被不自觉增强，慢系统就更难启动和发挥作用了。所以投资者的理性在贪婪和恐惧下，变得不堪一击。

历史上已经有很多案例，那些聪明理智的名人，诸如马克·吐温、牛顿、丘吉尔等，都在投资上遭受了重大损失而悔恨退场。牛顿投资失败后说："我能得出天体运行的规律，却无法预测人类的疯狂。"

成熟的投资者一定是在投资中经过大量刻意训练的人，他们也会通过投资体系来强制启动慢系统，让每一次投资决策都强制经过投资体系的检测和过滤，用慢系统的力量强迫自己冷静下来思考，让自己在理性的状态下做决策。

所以，完善的投资体系是普通投资者和专业投资者的分水岭。

一套相对完整的投资体系，至少要包含四个最基础的要素：买什么（标的选择）、买多少（仓位管理）、什么时候买（买点选择）、什么时候卖（止盈止损），这四个要素就是投资中最基础的要素。

更高级更完善的投资体系还应该包括但不限于以下要素：市场研判、信息研判、投资者情绪研判、期望回报预测、风控方案、噪声处理等。

每个人的投资体系都不一样，有的很简单，只有四个基本要素；有的很复杂，各种指标，包罗万象。简单的好还是复杂的好，并没有标准的答案。最重要的是我们要认识到投资体系到底在起什么作用，在什么情况下会不起作用，以及投资体系是否与我们的自我合一，从而真正做到投资的知行合一。

复盘时刻

1. 投资中的贪婪和恐惧会增强快系统（直觉系统）的力量，让快系统完全碾压慢系统（思考系统），让投资者做出情绪化交易。
2. 大部分人的投资决策都是靠感觉，而不是靠思考和体系。完善的投资体系是普通投资者和专业投资者的分水岭。

3. 一套初级的投资体系至少包括：买什么、买多少、什么时候买、什么时候卖，更完善的投资体系还包括更多要素：市场研判、信息研判、投资者情绪研判、期望回报预测、风控方案、噪声处理等。

计划和复盘：让投资更准确、更可控的关键

很多人都喜欢做计划，出门旅游喜欢做攻略、去商场购物喜欢列购物清单、每天工作喜欢列待办事项，我们在工作和生活中习惯做计划，让事情不会偏离轨道。

可是在投资中，很多人却不知道要做投资计划，更不知道要做投资复盘。

制订投资计划就是投资体系的落地过程。我们不能光搭建投资体系，就以为万事大吉了，不能让它成为摆设，成为空中楼阁。我们每次做投资决策的时候，不能只是在脑子里面过一遍投资体系就完事了，因为这样做很容易让操作产生漂移，我们以为决策符合投资体系，但实际操作并不符合。而且不把投资决策写成具体的计划，也很难应对各种情况，更没办法做投资复盘。

投资体系只是一个框架，投资计划才是真正落地执行的动作。

制订投资计划可以帮助我们更充分评估当前情况和未来的影响因素，以及在不同的情况下应该怎样应对。如果我们事先没有在投资计划里面详细列明可能发生的情况及应对措施，当市场突然发生变化的时候，我们就很容易做出下意识的本能反应。而我们都知道，人类的本能反应在投资中很可能带来极大

的损失。

比如，在考虑买入一只股票的时候，我们应该写下但不限于下面的内容。

1. 买入的理由，可能是股票的基本情况或者走势情况。

2. 理想买入价位范围，如果超过这个范围，买不买。

3. 买入节奏，分几次买，每次买多少，买到什么仓位结束；如果买入后很快下跌，怎么办？是止损，继续持有，还是加仓？

4. 买入后如果有盈利，什么情况下卖出？是一次性卖出还是分批卖出？如果亏损，在亏多少时止损？

把整个投资计划完整、清晰地写下来，其实就是逼着我们最大限度地启动慢系统。冷静理性地思考整个投资过程，有时候我们写着写着就会发现，其实这个投资决定并没有原来设想得那么好，我们就会放弃或者重新制订计划了。

一旦写下了投资计划，整个投资交易路径基本就确定下来了。如果市场符合计划走势，那就执行计划，不要在执行计划的途中改变计划。很多人容易在执行计划的过程中，随意根据市场来调整自己的计划。临时变阵是兵家大忌，也是投资大忌。长期来看，人们在情绪波动时做出的投资决策一定没有在冷静时做出的决策正确性高。

投资者一定要有坚持长期策略的纪律性，哪怕是面对让自己不舒服的局面，也要想办法克服。因为这是长期获利的最好方法，唯有这样投资者才有机会笑到最后。

如果发现制订的计划和市场实际走势不一致，偏离度大，导致计划没办法执行，那就需要不断复盘优化，看看是投资体系的问题，还是计划制订的过程出现了问题。

我们团队每天收盘后都会复盘，复盘当天的市场走势、讯息、投资组合情况、计划执行情况等，并且会制订第二天的投资计划。除了每天复盘，我们每周、每个月也会定期对交易情况进行复盘，定期复盘计划制订的合理性和准确性，看看出现了哪些漏洞和错误，计划执行的程度及执行计划的心态等。

在制订投资计划时，我们有一个决策清单表，上面有很多维度，比如市场情况、宏观和微观信息、个股情况、投资组合情况、心理和情绪误区检查等，计划制订人要把所有的信息都填写完整，然后跟大家研讨，最终提交审核。

我们绝对不允许盘中随意交易，也不允许违背交易计划，这是不允许犯的原则性错误。

初级投资者带着情绪做投资，成熟投资者带着目标和计划做投资。

复盘时刻

1. 投资体系只是框架，投资计划才是真正的落地执行。
2. 投资计划可以防止情绪化交易，违背投资计划是不允许犯的原则性错误。
3. 初级投资者带着情绪做投资，成熟投资者带着目标和计划做投资。

压力管理：不可忽略的投资管理

著名的大脑和压力研究专家罗伯特・萨波斯在《斑马为什么不得胃溃疡》一书中阐述了一个很有意思的观点：斑马在面临狮子等天敌的追捕时，会进入紧急状态以摆脱危险。一旦危机解除，它们能迅速从紧急状态恢复平静，继续它们的生活。与斑马不同，在压力消除时人类往往难以迅速"切断"压力反应。我们可能会因为对未来的担忧或者对过去事件的反复思考而长时间保持应激状态，这种长期的应激反应会导致各种健康问题，包括胃溃疡。

人类所面临的压力环境和斑马有很大不同，斑马面临的是有形的压力环境，只有吃饱和躲避追捕这类任务。人类除了要面临有形的生存压力，更多需要面临的是无形压力。比如工作任务、人际关系、家庭关系、投资组合的波动等。这些无形的、周期性的心理压力一直存在于我们每天的生活和工作当中，会导致人体失衡，触发各种心理反应，也会更容易导致投资损失。

人类在面对外界压力时，会更关注生存，更关注短期，人们会把所有精力集中在处理此时此刻的压力上。此时体内血压会升高，身体把能量输送到最需要它的每一个组织和器官，让身体处于高度警戒状态，以最大限度缓解压力。而此刻相对不重要的慢性器官和长期目标，则被置于次要地位。

所以人类在面对压力时，很容易目光短浅、因小失大。

在投资中也是如此。市场波动的压力、投资的业绩压力，都会让投资者过度关注短期目标。大部分人倾向于卖出获利的股票而持有亏损的股票，倾向于短期交易而不是等待长期的大结果。而且我们之前通过不同角度的分析得知，短期过度交易与市场规律相违背，并不能给投资者带来胜利。所以投资者学会进行压力管理、情绪管理，就显得尤为重要了。

投资者除了面对投资的压力，还要面对生活和工作中的压力，投资者需要同时管理这两方面的情绪。

在投资中，投资者要主动让自己和市场保持一定的距离，尽量减少市场的各种噪声对我们的影响。包括市场波动对我们情绪的影响，市场繁杂信息和观点对我们决策的影响。投资不是我们获取的信息越多越好，看盘时间越长越好，这些都只会徒增我们的压力，对我们造成干扰。

成熟的投资者应该将时间和精力放在行情波动以外真正重要的事情上，比如深入研究行业和企业、看书提高自己的思维水平、外出游历增加自己的人生阅历，甚至是努力工作提高本职收入。

投资者要有意识地主动避免信息过载，主动降低投资仓位。要做到不让投资波动影响自己的睡眠和工作，要刻意锻炼自己的长期主义思维，关注长期的投资收益，而非短期的波动。

在生活和工作中，我们也要主动管理自己的压力。以积极主动的心态，努力维持良好的人际关系，努力做好工作，不让自己卷入过多的纷争中。

投资者还可以多到阳光明媚的户外散步放松心情。有研究表明，在天气好的日子里，人们的心情会格外好，投资收益也会比阴霾天气时更好。所以我们日常要多觉察自己的情绪和压力，平时主动多到户外感受大自然，多用鲜花和礼物来取悦自己，这样无论对工作、投资还是生活都大有裨益。

主动远离市场、避免信息过载、关注投资之外的事情、保持良好的人际关系、到户外放松等，这些措施都能让我们保持轻松的心态，应对生活和投资中的压力。

投资是一辈子的旅途，没有最终的目的地。所以我们不用着急，不用慌张，慢慢走，你会发现更多意想不到的惊喜。

复盘时刻

1. 生活、工作和投资都不可避免面临各种压力，无形的、周期性的、持续的压力会让投资者出现应激反应，做出短视行为，从而影响投资结果。
2. 在生活、工作和投资中，投资者要主动有意识地避免不必要的压力，进行有效的压力管理。
3. 投资是一辈子的旅途，保持轻松的心态才能走得更远、更久。

终身学习：投资是一场无限游戏

有一本书叫《有限与无限的游戏》，书里把这个世界上所有人类活动划分为有限游戏和无限游戏这两种类型。有限游戏以取胜为目的，参与者通过竞争来获得胜利并终结游戏，体育竞技游戏就是典型的有限游戏。无限游戏没有明确的开端和终结，没有边界，也没有特定的赢家，文化、生命就是典型的无限游戏。

个人阶段性的成功和投资的获利目标是有限游戏，一旦完成就结束了。而个人成长和投资进步是无限游戏，可以一直追求进化。

投资和个人成长一样，是一辈子的事情，需要持续终身学习。

很多成功的人，包括投资大师，都是持续进步、终身学习者。他们或许看书，或许参加课程，或许与人交流，总之不会停止认知拓展的步伐。

巴菲特和芒格就是两个爱看书的投资大师，他们每天都要花几个小时来看书、读报纸杂志或者研究公司报告。芒格无论去哪里，都会带着一本书，他说过："我这辈子遇到的聪明人，没有一个不坚持天天阅读。巴菲特读书之多，我读书之多，可能会让你感到吃惊。我的孩子们都笑话我，他们觉得我是一本长了两条腿的书。”

巴菲特和芒格从很小的时候就开始读书，都强调要尽自己所能阅读一切。他们认为投资行业是一个知识积累的行业，没有大量的阅读不可能成为一个真正的投资者。

之前我们说过，投资绝对不是一个简单的游戏，我们不可能只通过一种估值分析模型、一个技术指标判断、一个量化模型就能做好，不然聪明的人都能做好投资。影响投资的因素有很多，经济的、文化的、心理学层面的、行为学层面的等。所以要做好投资，我们需要对经济环境、经济运行规律、市场运行规律、企业经营状况、人性、心理学和行为学等有所了解，这样才能让我们在快速变化的市场中，永远保持多元的认知，以及核心的竞争力。

投资看似是一个简单的金钱游戏，但实际上是我们的世界观、财富观、人生观、思维和行为模式的综合体现，是一个人智慧和能力的体现。

这个世界的变化实在太快了，人类对事物的认知又非常有限。只有不断学习，才能不断拓宽我们的认知边界，包括对世界的认知、对投资的认知，以及对自我的认知。

我把关于投资的学习分为天、地、人三个层面。

天，就是世界观。我们要去了解这个世界的运行规律是怎样的，比如不同国家的兴衰规律、大国博弈会造成什么影响、经济怎样运行、企业怎么运行、财富怎么分配、获取财富的底层法则等。

地，就是投资观。我们要去了解股票市场的运作规律是怎样的，比如什么影响股票的涨跌、怎么给企业估值比较合理、技术指标怎么用、市场当下的情绪如何、市场未来走势会怎样等。

人，就是人生观。我们要去了解人性层面的东西，尤其是对自己的了解，比如我的性格是怎样的、在投资中我的情绪波动是怎样的、投资于我的意义是什么、有哪些思维和心理的误区等。

投资是一场终身的修行，是一场与天斗、与地斗、与人斗、与自己斗的过程。投资者只有通过学习，不断拓宽自己的认知，不断在与市场较量的过程中塑造和验证自己的认知和能力圈，才能让主观的自己不断逼近客观的财富规律，才能赢得这场财富的游戏。

复盘时刻

1. 个人成长和投资进化是一场无限游戏，投资者只有不断学习，才能不断进化。
2. 所有成功者都是热爱学习、热爱阅读，追求终身成长的人。

独立思考：伟大投资者的特质

有一句犹太谚语“人类一思考，上帝就发笑”，意思是人类的思考有很大的偏见和局限性，人类对于浩瀚宇宙和复杂世界的理解都很浅显，得出的结论引起了上帝发笑。

人类区别于其他动物的重要一点在于人类有思考和总结反思的能力，人类社会才会变得越来越好。但因为思考太消耗能量了，所以虽然人类天生就有思考能力，但天生不爱思考。

我们从小到大经历的教育，被培养的是一种学习能力。遇到 A 问题就要用 B 解法，只要出现 C 条件就会形成 D 结果，这样做一定是对的、好的，那样做一定是错的、不好的。我们为了取得确定的结果，就需要把书本教给我们的知识学得越多、越快、越准确。

但我们很少会去思考：为什么一定是这样？这样一定是对的吗？这样一定是最好的吗？除了这样做我还能怎样做？为了应对多变的、复杂的环境，我们不仅需要学习能力，更需要思考能力。

离开学校，在社会中工作，为什么学习成绩好的人不一定能取得更大的成功？或者说造成人与人最终结果不同的原因是什么？

这里当然有很多影响因素，我认为一个很重要的原因在于，思考能力的差别。

拥有很强思考能力的人，他可能学习和理解能力并不是最强的，上手不一定是最快的，甚至有时候给人的感觉是笨笨的。但是由于他反思能力强，他能够在碰壁后迅速反思，提取新的经验，然后利用新的认知模型，展开行动。碰壁后再反思，以此循环往复，最终一定会比别人更快成功。

这就是著名的贝叶斯模型。一切的进化都建立在思考能力之上。

思考能力是一种稀缺能力，是人生成功的必备能力。而投资需要的不仅是一般的思考能力，更是一种独立的思考能力。

为什么要强调独立思考？

投资和别的行业很大的不同在于投资充斥着巨量的信息。不仅有企业的研报、财报，还有各种专家观点、媒体观点、股票软件信息等，每一条信息都在影响我们的决策，引导我们频繁交易。

投资者很难分辨哪些信息是可靠的、有用的、关键的。更可怕的是即使你找出了正确的信息，但市场的行情也不以你的主观判断为主。哪怕你是对的，全世界都是错的，但是只要全世界的力量比你的大，股价就会往与你相反的方向运动。

投资成功的关键不在于获取信息的多少和信息的质量，而在于我们如何在庞杂的信息和大量的个股里面，选出真正有用的信息，找到真正优质的个股，我们需要有抵御市场干扰的能力。

我们要区分哪些信息更有用，哪些更客观，哪些更能起核心关键作用，最后用市场的走势来验证信息在此时此刻的有效性。

我们要避免外界噪声的干扰，主动让自己不受大多数的专家、媒体及其他投资者的影响，让自己专注在寻找真正有用的客观事实上。

我们要坚持自己的决策，不要盲目从众，更不要让别人影响和指导你的决策，别人不是你，没办法承担你的损失和痛苦，我们要对自己负责。

在保持独立思考上，我建议大家效仿巴菲特。他将自己的公司建在小镇奥马哈，远离华尔街的嘈杂。他也不主动跟别人交流，每天做的事就是看书、看公司财报和报纸杂志。巴菲特让自己处于独立的环境中，拥有独立的客观信息来源，能很好地把自己与外界干扰隔离，从而保证了自己能独立思考。

复盘时刻

1. 传统教育教会我们快速学习和决策，却很少教会我们独立思考和质疑。
2. 投资者需要独立思考的能力，独立判断和运用信息，不断反思和优化自己的思维和行为。

复盘时刻：
求胜的投资行为——
如何在市场中稳操胜券？

1 **能力圈：** 投资不是一场和别人的比赛，并不会因为你不出手而出局，但一定会因为你乱出手而失败。投资者应该坚守能力圈，耐心等待那个甜蜜区的球出现，然后勇敢挥棒。只做自己懂的投资，只打自己有把握的球，少犯错比多赚钱更重要。

2 **建立投资体系：** 大脑的感觉很容易欺骗我们。投资中，感觉是最不可靠、最危险的，只有建立一套完善的投资体系，才能在市场中稳如泰山。投资体系是你的武器，没有它，你就像赤手空拳上战场，注定会输。

3 **计划和复盘：** 投资不是一场“即兴表演”，而是一场“精心策划的战役”。制订投资计划，能让你在市场中保持冷静；复盘投资结果，能让你不断优化自己的策略。初级投资者靠感觉，成熟投资者靠计划。

4 **压力管理：** 压力是投资中最大的敌人之一，压力不仅会让我们精神紧张，还会让我们的投资动作变形。学会管理压力，保持轻松的心态，才能在市场中走得更远。投资是一场马拉松，不是短跑，只有保持放松、自信的心态才能笑到最后。

5 **终身学习：** 投资不是一场有限游戏，而是一场无限游戏，没有终点，永远都有提升的空间。终身学习，是投资者不断进化、持续拿到结果的关键。无论经济规律、市场运行，还是人性心理，都需要我们不断学习和反思。投资是一场终身的修行，只有不断学习，才能在市场中立于不败之地。

6 **独立思考**：盲目跟风是投资者最容易犯的错之一。独立思考是投资中最稀缺的能力。投资者只有保持独立思考，才能排除干扰，在庞杂的信息中找到真正有用的线索，并且做出正确的决策。

核心结论

求胜的投资行为，让你在市场中稳操胜券

投资路上，最大的敌人往往是我们自己。能力圈、投资体系、计划和复盘、压力管理、终身学习、独立思考……这些求胜的投资行为看似简单，却威力很大。想要在市场中长期生存，光靠思维可不行，还得践行这些行为模式。投资是一场长跑，只有不断重复做正确的动作，才能让我们获得成功的“好运气”。

所以，下次当你觉得自己“上头”的时候，不妨停下来问问自己：是不是又忘了这些求胜的投资行为？

Part Four

第四篇

投资实战

8

第 8 章

基金投资要义

拆掉基金的层层包装

这一章我们正式进入实战模块。在了解基金的实战知识前，我需要先帮大家揭开基金的面纱，让大家看清楚基金的真面目，毕竟基金的分类和门道可多了。

基金按照不同的分类方法，可以分为很多类。为了便于在这一节给大家简单讲清楚，我并没有严格按照标准分类的定义来讲解。

按照投资标的不同，常见的基金基本可以分为三种：货币基金、债券基金，以及股票型基金。

货币基金，就是我们平时用的余额宝、零钱宝、零钱通等各种现金管理工具，主要投资于短期货币市场。比如银行存款、国债、大额可转让存单等，所以风险很低，流动性很好，但收益也是最低的。

债券基金，主要投资于各类债券。包括国债、金融债、企业债、可转换债券等，一般命名格式为：基金公司名 +××（债券时间）债券指数。债券基金风险很低，但也存在一定的亏损风险。

股票型基金，主要投资于股票市场，可以投资各种类型的股票。如大盘股、中小盘股、成长股、价值股等，一般命名格式为：基金公司名 +××（基金风格）配置混合。股票型基金是三者中风险最高，也是回报最高的一种。

按照基金投资比例的不同，它们各自细分的名字也会不同。比如 100% 投资债券或股票，叫纯债基金或纯股票基金；80% 以上投资债券或股票，剩下 20% 投资其他，叫偏债型基金或偏股型基金；投资债券或股票的比例小于 80%，没有固定比例的，叫混合型基金。

按照交易方式，基金可以分为场内基金和场外基金。场外基金是大多数人买基金的方式，就是通过基金公司、银行、支付宝、微信、第三方基金销售平台等方式申购基金。场内基金就是用股票账户买的基金，也叫 ETF，比如沪深 300ETF、中证 500ETF、医药 ETF 等。

按照管理方式，基金可以分为主动型基金和被动型基金。主动型基金就是基金经理根据自己的策略，主动选择股票组成基金组合，去博取更高的收益，更依赖于基金经理的资产管理水平。被动型基金就是不依赖基金经理的主观策略，而是严格跟踪某个指数的基金。比如 ×× 沪深 300 指数增强，就跟踪沪深 300 指数的基金，基金的持仓就是沪深 300 指数的成分股。这类跟踪特定指数的基金，因为持仓包含了各行各业，所以也叫宽基。跟宽基相对应的就是窄基，主要是一些专门投资于某个行业股票的行业基金。

除了以上的主要分类，还有一些特殊的基金，比如 FOF 基金，它不直接投资股票或债券，而是精选市场上优质的基金进行投资，号称“基金中的基金”；REITs 基金，就是专门投资各种不动产的信托基金，比如投资公寓、写字楼、仓库、基础设施等，然后将投资收益按比例分配给投资者；QDII 基金就是可以投资海外证券市场的基金。

以上就是关于基金的主要分类介绍。不同的基金类别，它们的风险差别很大。很多投资者都不知道自己买的是什么类型的基金，误以为自己买的是低风险、低波动的基金，后来发生亏损才知道买的是高风险、高波动的基金。

投资者要先搞清楚基金的分类，才不会踩大坑。

那搞清楚基金的分类就万事大吉了吗?

肯定不是。投资者还需要查看基金的具体信息。这些信息我又分成几大类，在实际研究中我也按照这个顺序来研究基金。

第一类信息，是最关键的信息，比如基金的持仓信息、基金经理的从业经历、基金的净值变动和大盘变动的对比，这些都是比较关键的判断基金风格和策略的最有效的信息。

第二类信息，就是一些评价指标，比如标准差、夏普比率、最大回撤、近几年的收益及收益排名、晨星评级等，这些都是从基金的外部视角来评定基金的运行情况。

第三类信息，就是一些更细的信息了，比如基金的规模、申购赎回费用和规则、基金公司的背景等。

这些信息一层一层地看完，我们就能把基金的各种包装里里外外拆个透了，基本上一只基金的情况就掌握得差不多了。我们大概能知道这只基金用的策略，基金经理喜欢什么类型的股票，以及该基金未来可能会处于什么样的走势中。然后，我们把觉得好的基金加入自选池进行跟踪观察。

对！你没看错，不是选好了一只基金马上就买，而是选出来一批，先跟踪观察，再跟这批基金相处一段时间，最后在合适的时机，用合适的策略进场购买。这跟你先去相亲，再选择合适的来谈恋爱，最后结婚的过程是一个道理。你总不能去相亲现场，看上了一个姑娘，然后就马上说要领回来结婚生子吧？这样做哪个姑娘敢跟你过一辈子，这么草率是不会幸福的。

复盘时刻

1. 按照不同的方式，基金可以分成不同的种类。不同种类的基金差别很大。
2. 用三步法拆开基金的各层包装，筛选出优质的基金加以追踪，在合适的时机，用合适的策略买进。

如何选出基金中“最靓的仔”

上一节讲述了我是如何一层一层地研究一只基金的。可能很多人会说太麻烦了，哪里需要这么多步骤，直接看哪个基金收益高，或者哪个名字好听，买哪个就好了。事实上，很多没有经验的投资者就是这么做的，但这么做最后的结果都不尽如人意。

其实，上一节我所说的内容，也只是我的一个流程框架而已。在具体的框架里面，我还需要花时间去研究更细节、更核心的东西。这就是本节要讲的内容，我们如何更精准地找到基金中“最靓的仔”。

不过在说怎么找这个“靓仔”之前，我们先来看一下大部分的投资者都是怎么买基金的。

大部分的投资者都是去基金销售页面，比如打开支付宝，进入基金页面后直接看基金排行榜，看看哪个收益高，哪个排在前面、热销，就选择哪一个。有的人会更有耐心，点开基金的详情先看看这个基金的名字，从名字判断它大概投资什么行业。比如基金名字为 ×× 新兴制造混合 A，投资者就大概知道这是主要投资新兴制造业的基金，而不会去投资贵州茅台、海天味业、恒瑞医药这些白酒、消费和医药股。投资者然后看看这个基金近一两年的净值走势和市场指数的对比，感觉收益和行业都很不错就买了。

再进阶一些的投资者还会用一些指标来选基金。比如我们上面提到过的，投资者最常用来衡量和评估基金的三大指标，分别是标准差、夏普比率和最大回撤。有一定知识水平的投资者会用标准差来衡量基金收益的波动性，标准差越大代表基金的收益波动性越高；用夏普比率来衡量在单位风险下基金的回报率，看看基金在经过风险调整后的表现，夏普比率越大越好；用最大回撤来看基金在一段时间内，从最高到最低的跌幅，用来判断基金的极端风险程度。

说到这里，好像也跟我在上一节提到过的步骤差不多。的确，从这个维度来看是没太大区别的，市面上很多人都这么教你选基金。但是我会多做一步，就是分析基金的持仓情况，这一步也是整个基金分析过程中最重要的一步。

我会点进去看基金的详细持仓情况，看看它现在持有什么股票和债券，是否集中在某一类型的股票，甚至我还会去看它重点持仓的股票的走势和业绩情况。我也会分析它的历史调仓情况，大概在什么位置买了什么股票，在什么位置卖出，以此来分析基金经理大概的买卖逻辑。

这个持仓分析，就是直接穿透基金最底层的决定因素，从底层来分析基金的收益和风险，相当于掌握了基金的命脉。

为什么我需要穿透底层去看基金的持仓情况?

因为我的投资体系就是趋势交易体系，通过看股票的走势图及基本面分析，再结合当下大盘和板块的情况，我能大概预判接下来不同板块的股票的走势，是上升趋势、震荡趋势，还是下跌趋势，这样综合起来我就能大概预判这只基金未来可能的走势。

当然了，这也只是预判，不可能百分之百正确，甚至正确率不会很高，因为市场是随机波动的。而且我一直持有的观点是：预判只是预判，它的影响程度只占交易的很小一部分，最重要的是我们整体策略的制定。

很多人可能会说，我没办法做到像你一样去分析这么多的股票，我没有时间，也对股票不熟悉。所以我一直认为，普通人无论买股票还是买基金，都应该严肃对待且需要持续投入，只要做到持续投入，你就会对越来越多的股票情况熟悉，以后分析就会越来越轻松，这是一个积累的过程。

世界上没有随随便便就能轻轻松松赚钱的方法。如果你决定买主动型、混合型基金，就要做好持续投入时间学习和研究的准备。如果没有时间，要么不买，要么做定投和超长线持有，利用被动型基金，赚取大盘的平均收益，也是很好的策略。

复盘时刻

1. 穿透基金的持仓分析，才能真正掌握基金的命脉。
2. 选择好的基金，也是需要持续投入时间进行分析和跟踪的，世上没有简单轻松的赚钱方法。

从基金的本质，看投资的本质

前面两节我从几个维度讲了一些选择基金的方法，其实自始至终我都在强调一个最重要的投资原则，就是穿透底层资产，掌握最核心的关键点。

很多投资者认为，买基金比买股票风险小，因为基金经理通过优中选优，帮我们分散了投资风险。原来我们可能只会买一两只股票，我们还要花很多时间去研究股票，现在只需要买一只基金就能配置很多股票，还不用花那么多时间去研究股票。无论怎么看，对普通投资者来说，买基金都是比买股票更好的选择。

这个说法看上去很合理，但是基金与股票本质上并没有不同。因为这两者的底层资产都以股票为主，无非就是换了一种方式或者策略买股票而已。

但是对很多普通投资者来说，买基金相比买股票，心理感觉是更好的。因为如果股票跌了，我们会觉得是自己的责任；但是如果基金跌了，我们不会觉得是自己的责任，我们会认为完全是基金经理的责任，我们多了一个“出气口”。

之前我们也说过，在投资领域很多时候风险和收益不是线性关系。这种看似合理，让心里好受的感觉，很容易让投资者认为买基金是风险更低的选择，从而忽视了基金的风险。而事实上，我们要想在任何领域获得满意的结果，必须先学会自己承担责任。

正因为这样，我并不认为买基金是比买股票风险更低的选择。看透本质之后，我们才能对基金的资产配置和买卖，有更深刻的理解。

在讲解具体的基金买卖方法之前，有必要介绍一下几个常见的资产配置模型。

第一个是著名的美林时钟，它根据经济的周期性波动来指导资产配置。在经济衰退期主要配置债券，在复苏期主要配置股票，在过热期主要配置商品，在滞胀期主要保留现金。美林时钟有科学的地方，是发达国家比较常见的配置模型，但是在我国不是特别灵验，主要是我国经济发展速度很快，四个经济周期切换很快，且轮动未必是连续的，所以很难用美林时钟来指导中国资产的配置。

第二个模型是标普四象限配置法，它将家庭资产分为四个账户，分别是现金账户、保险账户、增值账户、保值账户。现金账户留出 3～6 个月的生活开支，保险账户提供健康保障，增值账户主要用来配置诸如银行理财、债券基金、储蓄型保险一类的低风险产品，增值账户主要用来投资股票、基金、房产等高风险产品。但是问题在于，标普四象限配置法并没有告诉我们增值账户的具体配置策略，它只是从更全面的角度告诉我们资产配置的原则。

第三个模型是再平衡模型，它参考了马科维茨的风险定价模型来做大类资产配置。硬性地将股票和债券资产按照一定的比例分配，比如股票与债券的比例是 8 : 2，经过一段时间的运行后，股票和债券的比例一定不是 8 : 2 了。我们只需要硬性设置一个条件，做一次再平衡调整，将两者的比例重新调回 8 : 2 就可以了。比如每年或者每半年、每个季度做一次再平衡，比如在某个资产涨幅超过百分之多少时做一次再平衡。

还有其他著名的模型，比如桥水基金的全天候模型、耶鲁配置模型，这些模型更复杂，就不一一举例了。

这些模型虽然很经典很好，但是对于普通投资者来说，还是过于理论化和复杂了。它们要么就是划定了一个固定的配置比例，要么就是需要有强大的心力去扛市场的波动。要知道市场随时在变化，我们很难用一个固定的模型来应对所有的情况，除非你做好了超长期投资的打算，以及扛住市场所有波动的准备。

我自己也做了一个资产配置模型，依据的是不可能三角理论。首先，画一个坐标轴，用流动性当作横坐标，越往右流动性越好，资产越灵活；用风险当作纵坐标，越往上代表风险越高。画完坐标轴后，我就可以根据资产的风险和流动性特征，将其放在不同的象限里面，画出来的这个象限图就是我的资产组合工具库了。然后我会根据我的收益预期目标来选取工具和制定配置策略。在配置的时候，我会根据我的趋势研判的能力，适时选择合适的工具组合，适时调整组合里的股票和现金占比。在该承担风险、该进攻的时候就进攻，在该保住本金、该防守的时候就防守。

投资就是一项严肃的风险管理工作。我们要看清基金投资的本质，认清基金投资的实际风险，并且灵活运用基金这个投资工具，而不是被一些普适性的基金投资课程带偏了，以为学了几个择基指标就能选出好的基金，就能“躺赢”。世上哪有这么容易和轻松的赚钱方法。

复盘时刻

1. 买基金和买股票的风险并没有本质上的区别。
2. 没有一种资产配置模型是完美的，投资者要知道每一种模型和工具的优缺点，才能做好资产管理工作。

我推荐的基金投资方法

前面三节我们分别讲了基金的重要知识、基金挑选的方法，以及基金投资的本质。在这一节，我会向大家介绍三个我认为不错的基金投资方法，以供参考。

第一个方法，超长期持有。在本书前面的章节提到，只要持有的指数基金的时间足够长，比如 8 年或 10 年以上，基本没有亏损的可能。如果你有持有 10 年以上的心态和准备，你完全不用考虑太多的信息，不需要看基金的持仓情况，甚至都不需要看基金的过往业绩。你只需要选择一个好的、你认可的基金经理，或者直接选择诸如沪深 300 一样的宽基买入。最好尽量在市场低位的时候入场，买入并坚定持有，抗住市场的波动，长期来看一定能带来不错的回报。

第二个方法，坚持做定投。超长期投资有一个很大的问题，投资者往往很难坚持长周期投资，尤其是在基金持续亏损的时候，看着自己一大笔钱一直被套牢是很难受的。所以，把这笔钱拆分成一个比较长的周期来分散投资，就是一个很好的对抗市场波动和心理波动的策略，这个策略就是基金定投。

操作方法也很简单，就是先选择一只基金，最好是宽基指数，因为不会有踩雷的风险。然后自行制订定投计划，可以是按月定投，也可以是按周定投，一直坚持定投，直到出现一段非常不错的大行情。那时候指数处于高估位置，市场情绪又特别好，我们就可以停止投入，分批卖出离场了。定投的操作很简单，特别适合普通投资者，但难以坚持。

第三个方法，巧妙做波段。大部分的基金都跟随市场波动，只有少部分的基金能够在某个阶段独立于市场波动，极少基金能持续独立于大盘波动且跑赢大盘。既然这样，我们就可以简化决策因子，不需要花时间去研究各种基金的信息，只需要花时间研判市场的趋势，然后顺着市场的大势，做指数基金的波段型投资就可以了。这样投资结果一定不会差，而且会很轻松。基金的趋势投资操作，可以很好解决超长期投资的下跌心理波动问题及大部分资金闲置的问题，但是要求投资者有一定的投资基础。

因为我的股票交易策略主要是趋势交易，我有一套从上到下和从下到上双向验证和研判市场趋势的方法，所以每年都能抓住主流的上升行情，并且能够抓住主流的板块。经过我多年的亲身验证，只要不是行情太差的年份，每年至少有一波流畅的上升行情，我们每年只需要重点做这一波投资就可以了。

所以我做基金投资用的就是长期定投指数基金 + 趋势波段投资行业基金或指数基金的组合策略。这个策略既可以兼顾长期的投资收益和稳定性，又能兼顾短期的投资收益和资金效率。我特别推荐大家借鉴这个组合策略。

举个例子，假设你有 100 万元的可投资金，你可以将它分成 120 份，每个月定投一份指数基金，一共可以定投 10 年，这就相当于整个组合的长期的底仓及收益稳定器。在定投策略下，前面几年投入的资金很少，所以剩下大部分的资金处于闲置状态，这部分资金我们可以用趋势交易的方法，每年做一次指数基金或行业基金的波段趋势投资，来增加投资收益和提升资金效率。

基金投资可以很复杂，你可以花很多时间不断研究每个基金的策略，研究每个基金经理的投资风格。然后找几个你认为最好的形成投资组合，享受研究基金、挑选基金的乐趣。

基金投资也可以很简单，你可以过滤所有的干扰信息。不用花时间做各种研究，只用最简单有效的方法也能获胜。你可以无视市场的波动，直接用超长期持有策略、二八硬性再平衡策略、定投策略。你也可以主动迎接风险，用波段投资策略，享受交易的乐趣。

总之，无论哪种策略，投资者都要认识到它不完美，都需要承担风险，这样我们才能更合理地做好基金投资。

复盘时刻

1. 超长期持有、定投及做指数基金的波段操作，是我认为比较适合普通投资者的基金投资方法。
2. 投资者要意识到每一种策略都有其局限性，要选择适合自己的基金投资策略，既能赚取合理的回报，也能享受基金投资的乐趣。

复盘时刻：
基金投资要义——
如何通过基金实现稳健收益？

1 **拆掉包装，看清基金真面目**：基金种类繁多，货币基金、债券基金、股票型基金……不同基金的风险和收益区别很大。选基金的第一步，就是搞清楚你买的是什么类型的基金，这决定了收益和风险。投资者不要被基金表面的高收益迷惑，要看清基金的底层资产和投资策略，才能避免踩雷。

2 **穿透底层，掌握基金命脉**：选基金不能只看表面的收益率或排名。穿透基金的持仓、分析其底层资产才是选基金的关键。基金经理的投资风格、持仓股票的走势、历史调仓逻辑……这些细节决定了基金的未来表现。

3 **从基金的本质，看投资的本质**：很多人认为买基金比买股票风险低，但其实投资者买的大部分基金的底层资产是股票，所以基金和股票的本质是一样的，只是换了一种投资形式。基金的风险并不比股票低，关键在于你如何配置和管理，很多资产配置模型（如美林时钟、标普四象限配置法、再平衡模型等）都可以帮助你更好地平衡风险与收益。但没有一种模型是完美的，灵活运用才是关键。

4 **三种简单有效的基金投资策略**：

超长期持有：如果你有足够的耐心，选择一只好的宽基指数基金并长期持有，穿越牛熊，最终大概率能获得不错的回报。

坚持做定投：定投是普通投资者的“神器”，通过分散投资来应对市场波动，适合没有时间研究市场的投资者。

巧妙做波段：如果你有一定的投资经验，可以通过趋势交易，抓住市场的上升波段，提升资金效率。

核心结论

基金投资，简单也不简单

基金投资看似简单，但背后却蕴含着复杂的策略和风险管理。选基金不是选名字好听的或收益高的，而是要从底层资产和资产配置的角度来选择最适合你的。无论长期持有、定投还是波段操作，每种策略都有其优缺点，关键在于你如何根据自己的风险承受能力和投资目标，灵活运用这些策略。

基金投资的核心是风险管理，而不是追求高收益。只有看清基金的本质，掌握选基金的方法，才能在市场中实现稳健收益。

所以，下次当你准备买基金时，不妨停下来问问自己：我真的了解这只基金吗？它适合我的投资目标吗？

9

第 9 章

股票投资要义

股票投资是财富增值的必修课

如果说在大部分人的投资中有什么资产是无法绕开的，那一定是房产和股市。这两类资产的体量足够庞大，能容纳足够大的资金，而且和经济发展密切相关，相互促进。房价和股价的适度上涨，有助于带动经济发展。而经济发展也会推升房价和股价的上涨，这是非常重要的逻辑。

很多人都会觉得投资股票风险很大，投资基金和房产风险比较小，这个结论比较片面。凡事都没有绝对的一面，尤其是在投资领域，抛开前提假设和策略，只谈风险和收益是不合理的。

先说说为什么投资基金的风险不一定比投资股票小。我们在基金投资实战模块已经阐述过，基金投资确实能在一定程度上分散单一股票投资的风险，但是从底层资产的角度来看，其实两者的风险是一样的。因为投资者买的基金大部分投向股市，且绝大部分基金的净值波动也呈现出和股价同涨同跌的特征。

所以在我看来，投资基金约等于投资股票，除非你投资的是债券基金或者货币基金。

而对于房产投资，为什么很多人也会觉得风险低呢？其实是因为房产的流动性比较差，大家没办法做短线交易，至少需要持有几年，它的低流动性抑制了价格波动，并且房产享受了过去几十年中国快速城市化的红利。综合以上要素，房产价格给人一种“一直平稳上涨”的感觉。但其实在过去的二三十年间，房地产市场也出现过几次较大的跌幅，只是大家抗住了波动罢了。

房地产能够拉动庞大的上下游产业链，对经济、就业和金融等方面都有重要的推动作用，所以在过去房产可以说是支柱型产业。但国家对房产的政策态度已经发生了很大的变化。未来中国的经济要向更好的方向发展。中国要实现中华民族伟大复兴，必须降低经济对房产的依赖，必须发展科技，用科技推动经济发展。而要支持科技企业发展，就要利用资本市场的融血功能，给优质的科技企业造血、输血。

美国股市能走出几十年的牛市行情，就是这个底层逻辑。股市和科技企业互相促进发展，股价上涨，能给科技企业带来更多经营杠杆。而科技企业获得融资后又能继续扩大规模和增加效益，从而对股价的走势也有正向激励作用。

我为什么要在这里花大篇幅分析基金和股票的本质关系，分析房产和股市的地位转换？我想表达一个观点：随着中国的逐渐强大，未来中国的股市一定也会走出像美国一样的几十年的慢牛行情。股票长期投资的收益本身就位居各类资产之首，随着更多的机构投资者入场，股票投资机构化，股价的波动必然会减少，并走出长期上涨的行情。未来的股票（或基金）将成为家庭中最主要的投资资产。

这才是最大的投资机会，最大的大势，最大的确定性。这就是时代发展的规律，不以人的意志为转移。所以股票投资是每个人都应该学的财富增值课。

复盘时刻

1. 长期来看，股价上涨能支持经济发展，经济发展又能支持股价上涨，两者相互支持和促进。
2. 未来中国股市一定会走出几十年的慢牛行情，成为家庭中最重要的投资资产。

主要的股票投资方法概述

股票投资有各种各样的门派，每一种门派都有各自的优点和缺点，都有顶尖的高手。市场上主流的投资方法有以下几种：价值投资、趋势交易、短线交易、量化交易。

价值投资，主要是用各种估值模型评估企业的价值，并且根据股票价格与企业价值的偏离程度进行投资交易。价值投资只是一种投资风格，不同的价值投资者会根据自己对投资的理解，制定不同的交易策略。比如有的人会分散持仓，有的人会集中持仓；有的人会在股票进入低估区间就分档抄底，有的人会等到极端低估或恐慌的时候才出重手；有的人只做稳定的蓝筹股，有的人只做高增长的成长股。

价值投资的优点在于通过合理评估和筛选，描绘出股票大致合理的波动区间。投资者不需要紧紧盯着市场波动，可以很放松地等待股票落入低估区间才买入，再耐心地等待股票上涨到正常甚至高估区间卖出。哪怕买入后继续下跌，只要估值模型逻辑没错，选股就不会太差；能够耐心等待股价反弹上升，基本也不会出现重大错误。价值投资的缺点在于对企业的估值具有很强的主观性，且估值区间对交易结果的影响很大。除此之外，在实际的投资中股价波动常常会大幅和长时间偏离估值区间，对投资者的账户净值变化和心理状态考验很大。

趋势交易，主要是根据股价的走势图进行交易，不会深入研究企业的基本面情况。趋势投资者认为影响股价的因素有很多，很难研究透彻，而股价走势反映了一切信息。所以只需要根据股价走势来做交易，制订严格的止损止盈计划，在上升趋势时做多，震荡趋势时不参与，下跌趋势时做空，就能获取比较好的收益。

趋势交易的优点在于简单、高效。投资者不需要花太多时间研究各种财务报表，只需要根据图形不断筛选出合格的标的，然后等待最佳买点的到来，工作量相比价值投资者来说减少了很多。另外，因为趋势投资要求在上升趋势的关键点入场做多，一旦成功，赚钱效率是很高的。而趋势交易的缺点在于投资者需要克服人性弱点，需要极度的耐心和自律，并且很多趋势投资者纯看图做交易，在一定程度上缺少了严谨的企业基本面逻辑支撑。

以上两种是比较传统的、成体系的投资方法，它们各有优缺点，并没有好坏之分。价值投资侧重于企业内在价值的分析，对买卖点要求不严格；趋势交易侧重于股价的走势分析，对企业价值分析不深入。有的投资者只严格使用一种方法，也有的投资者把两种方法结合在一起使用，关键在于找到适合自己的方法，并且知道该方法的优缺点就可以了。

我用的交易方法就是两者的结合，即以趋势交易为主，以价值投资为辅的方法。我会用趋势交易体系进行第一层选股和买卖操作，用价值投资进行个股的优中选优和排雷。

除了价值投资和趋势交易，投资者常用的还有短线交易和量化投资。因为这两个方法是普通投资者比较难掌握，也是我不建议普通投资者使用的方法，所以这里我就不再赘述了。

除了以上四种主流的股票投资方法，还有一些特定的交易策略，比如定投、杠铃策略、网格交易等。有些有经验的投资者也会在自己的交易体系内融入一些交易策略做补充，比如我会将定投和杠铃策略融入我整体的交易体系中。尤其是杠铃策略，它能够在特定的行情下，做到既降低投资组合的风险，又提高整体收益的效率，是我特别喜欢的核心策略，有经验和兴趣的投资者可以去研究一下。

最后强调一下，投资方法本身没有好坏之分，只有适合与不适合之分。没有一种投资方法是完美的，也没有一种投资方法的长期收益能远远胜过其他投资方法。长远来看，所有投资方法的长期收益都相差不大。所以投资者不需要过分关注哪个方法更好、更能赚钱，只需要专注打磨专属于自己的投资体系就可以了；切忌不停换方法，更不要企图把所有的方法融合在一起，最终只会得不偿失。

复盘时刻

1. 主要的投资方法有价值投资、趋势交易、短线交易、量化投资。我建议普通投资者使用价值投资和趋势交易。

2. 投资者可以将特定的交易策略融入其核心的投资体系中，以提高体系的风险收益比，但切忌随意把方法融合在一起，企图达到完美的状态。没有完美的投资体系。

投资者要建立好自己的投资系统

本书我们很多次提到了投资系统、投资体系的概念，我们也说过每个投资者都应该拥有一个属于自己的投资系统。每个投资者的投资系统都会有所差别，因为它本质上反映的是投资者本人的理念、认知和性格特征。所以我们没有办法通过完全照搬别人的投资系统就能做好投资，这样也会失去投资的乐趣。

这一节，我就来教大家如何一步步搭建属于自己的投资系统。

搭建系统的第一步，认识自己和制定合理的目标。既然这个系统是为我们自己量身定制的，那么真实地了解自己就很重要了。正如本书第六章中提到的，在投资中知己比知彼更重要，我们要了解自己的性格、风险偏好和面对不同市场状态的情绪波动。

同时，制定合理的目标也很重要，它和认识自己是相互配合的。有的投资者对投资和对自我的认知不足，往往会给自己设定很高的目标，从而“被迫”参与风险较高的投资。投资者只有清晰地了解自己，拥有正确的投资认知，才能制定合理的投资目标，这样打造出的投资系统才会稳定发挥最大的作用。

搭建系统的第二步，确定投资理念。根据我们上一节提到的几种主要的投资方法，选择一种跟自己的认知、性格、时间精力、资金性质等方面都相匹配的投资理念。

到这里你可能会问，怎么能确定我真的了解自己和选择了适合自己的投资理念呢？

这些问题我们都可以通过做专业测评和学习专业的投资知识来了解，但实话说，这些测评和学习基本停留在纸上谈兵的程度，离下场实战还有很大的距离。最真实、最有价值的反馈一定来自市场实战的感受。

所以在投资中有一句话我很认同：投资者可以通过学习来缩短路程和时间，但是该走的路，该掉的坑还是不会少。

搭建系统的第三步，构建系统框架。到这一步，我们才开始真正着手去构建系统。选择了一种投资理念，我们就可以根据它来构建具体的投资框架。

一个完整的投资框架应该包括：用什么方法筛选和评定合适的股票（买什么）；每个股票一共可以买多少、每次买多少（买多少）；在什么位置买入（什么时候买）；达到什么条件卖出（什么时候卖）。

搭建系统的第四步，制定风控策略。除了构建系统四要素，我们还要制定额外的风控策略。主要包括两个方面：一个是对于市场风险的风控策略，另一个是对于投资者行为的风控策略。对于市场的风控策略是指每一次的投资我们都要有风险预案，比如在出现意外情况时该如何应对。对于投资者行为的风控策略是指我们需要制定一系列的流程来制止自己的非理性和情绪化交易，比如确定投资决策流程、确定投资检查清单、写出投资计划、做定期投资复盘等。

搭建系统的第五步，用真实的市场来检验和优化系统。搭建好系统后，投资者要把自己的真金白银投入到市场中，严格按照自己搭建的投资系统来交易。在整个交易过程中，投资者要反复感受自己心态和情绪的变化，感受自己内心的波动对系统的冲击，感受系统运行的特点，最后看到系统所带来的投资结果。如果发现不合适的地方，再考虑如何调整优化，切记不要一味追求不存在的"完美系统"，切记不要过度优化系统，只要它适合你且整体运行良好就可以了。

没有完美的系统，只有最适合你的系统。

复盘时刻

1. 每个投资系统都反映了投资者的理念、认知和性格特征，所以无法完全照搬别人的投资系统，每个投资者都需要定制一个属于自己的投资系统。
2. 用系统搭建五步法搭建好系统后，用实战来检验和优化系统，慢慢地投资者就能拥有一套能帮自己持久赚钱的投资系统了，这是非常值得投入的事情。

我的投资系统

在前面的章节，我给大家教授了如何一步一步搭建属于自己的投资系统。在这一节，我把我的投资系统简单地展示给大家，希望对大家有更多的启发。

我的投资系统主要由杠铃策略和趋势交易组成。

杠铃策略，我会将参与杠铃策略的资金分成两部分：90%～95%的资金参与保本型的低风险投资，剩余5%～10%的资金参与高杠杆的投资，比如期货、期权等。杠铃策略的妙处在于真正面对市场风险的资金只有很少一部分，其余大部分的本金都是安全的。虽然部分资金放了很高的杠杆（一般平均为10倍），这部分资金风险很高，但因为它只占总资产的10%及以下，所以总资产整体的投资风险是降低了的。我只需要用趋势交易的策略，耐心等待最佳关键点的到来，然后分批出手试错，就有机会用小资金实现不错的总收益。

趋势交易，我会从趋势识别、选股标准、买点选择和卖点选择四个方面来阐述。

首先，趋势识别。图9-1至图9-3分别代表上涨、下跌和震荡趋势。乍一看三种趋势特别容易辨别，但实际操作却会是“不识庐山真面目，只缘身在此山中”。因为趋势也有周期大小之分，在一个大的上升趋势中，可能同时包含好几个上涨趋势、震荡趋势和下跌趋势。并且不同指数之间、指数和个股之间，都存在着趋势不同步的现象。这就好比当你站在高处看车流的时候它是规整的，但当你站在路边看的时候就会觉得交通很乱一样。趋势周期大小不同、趋势不共振，都会给投资者造成巨大的操作困难。

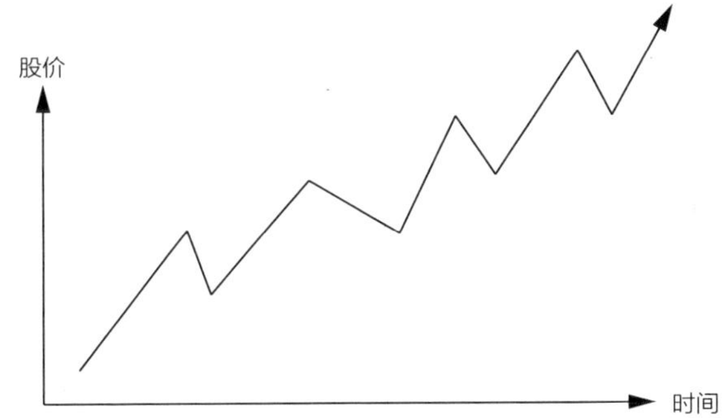

图 9-1　上涨趋势

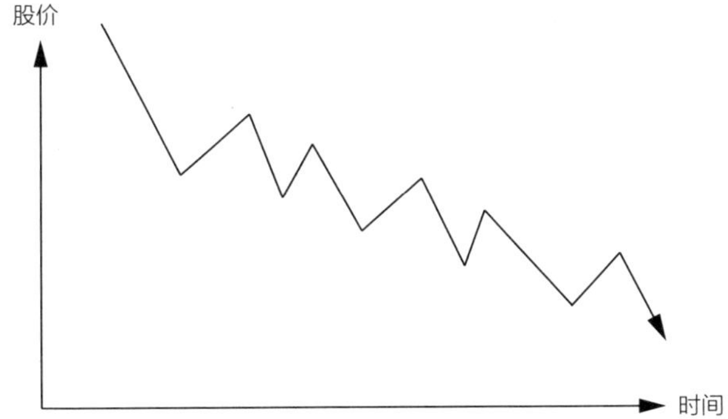

图 9-2　下跌趋势

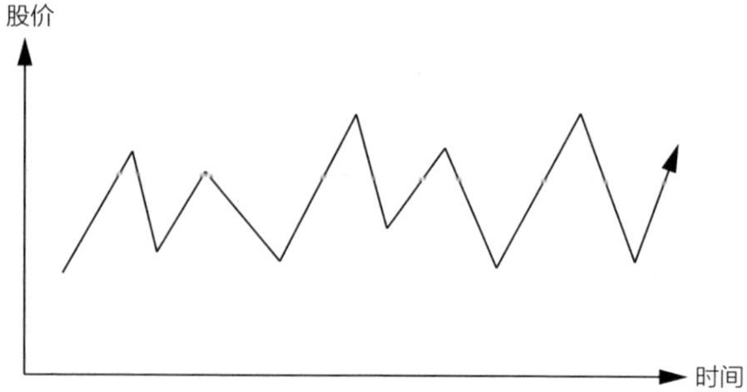

图 9-3　震荡趋势

此外，我会同时监控上证指数、深证综指、中小板指、创业板指、上证 50、沪深 300、中证 500、科创板等指数的趋势情况。如果大多数指数出现共振向上的趋势，我就会考虑入场。入场的仓位选择我也会根据市场的状态来调整，如果大多数指数共振上涨的状态比较好，且有强势领涨的板块，我的入场速度就会更快。如果只有小部分指数共振上涨，其他指数还在盘整甚至下跌状态，我的入场速度就会放慢，仓位配置也会很低。直到有利润或指数共振情况更好了，我才会逐步提高仓位配置。

其次，选股标准。在投资系统 1.0 版本时，我纯粹只是“看图说话”。看到哪个图形符合经典的趋势交易图形，我就按照投资系统要求的买点和仓位配比来买卖，但成功率并不高，盈亏收益比也不好控制。后来系统进化到 2.0 时，我只做市场的强势主流板块和强势股，此时成功率和效率都能得到很大的提升。

具体的做法是：每周把所有板块的走势跟大盘阶段的最强

指数做对比。找出那个走势比最强指数还要强的强势领涨板块，然后深入板块，找出那个比板块走势还要强的强势龙头个股。找到龙头个股后，再去看它们过往的业绩情况及分析师对个股未来业绩的预期。如果遇到业绩不好、盘子太小、走势奇怪的，我就会将其排除。基本上，这样筛选后找到的个股，就是接下来这一波流畅行情的引领者，也是我主要的交易标的了。

再次，买点选择。在趋势交易里面有很多经典的买点，有的做趋势突破，有的做趋势回踩。我个人比较喜欢的买点，有以下几个形态：图 9-4 至图 9-7。它们在技术分析里面都有不同的名字，图 9-4 叫箱体突破、图 9-5 叫头肩底突破、图 9-6 叫回踩箱体、图 9-7 叫欧奈尔杯柄突破。虽然名字不同，但是它们都有一个共同的特征：都买在了股价打破了震荡平衡，要准备开启上升趋势的关键点位上。一旦接下来上升趋势确立，将会迎来一段流畅的、快速的上涨行情。

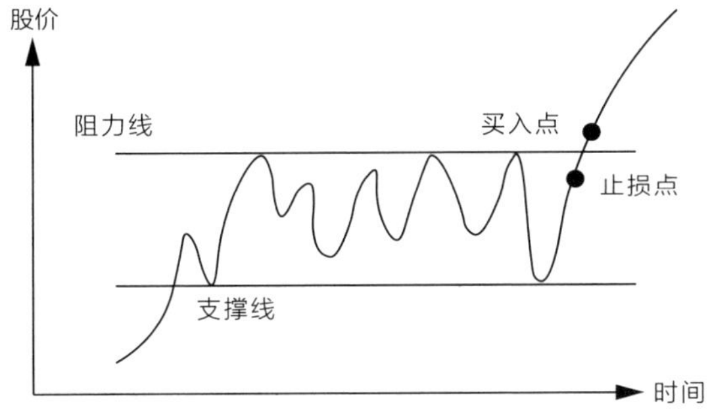

图 9-4　箱体突破

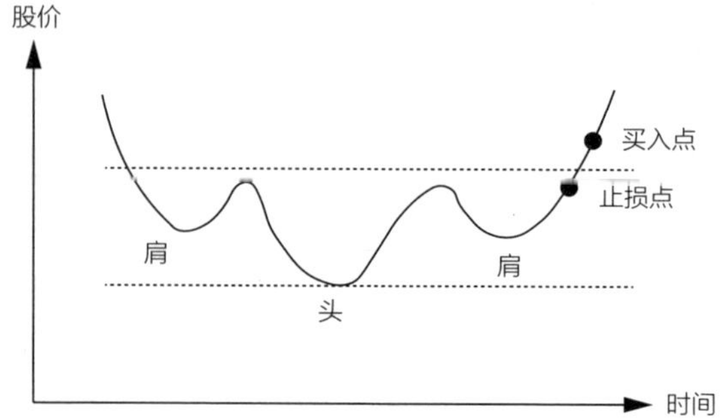

图 9-5　头肩底突破

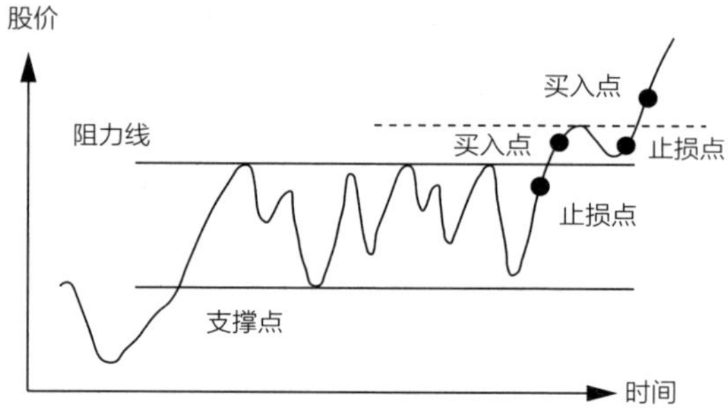

图 9-6　回踩箱体

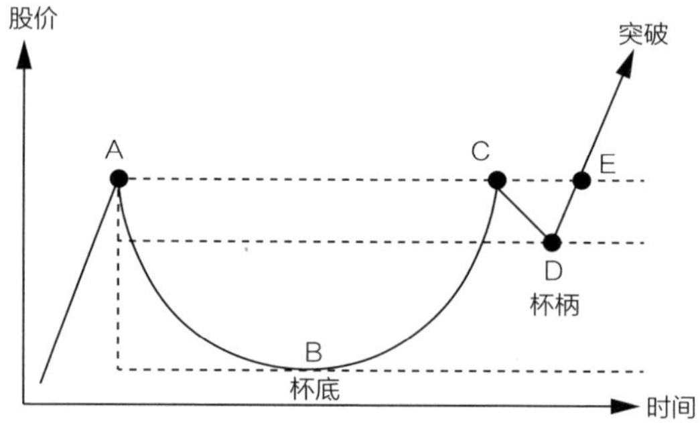

图 9-7　欧奈尔杯柄突破

趋势投资者从来不会因为股票跌得多而抄底，不会提前去赌股价的反转，也不会过度参与股价的震荡行情。他们只会安安静静地、耐心地守在那个关键点位上，等路过的股票告诉他："我要开始突破啦"，他们才会跟上去吃一口"肥美的肉"，其余时间几乎不做任何交易。

最后，卖点选择。趋势交易对买点和卖点的要求一样，都要求买卖要在关键点上发生，这个关键点就是趋势扭转的临界点。图 9-8 至图 9-10 就是在一段盘整或者上升趋势中，发生了破位下跌扭转了原有趋势，此时投资者就应该卖出。

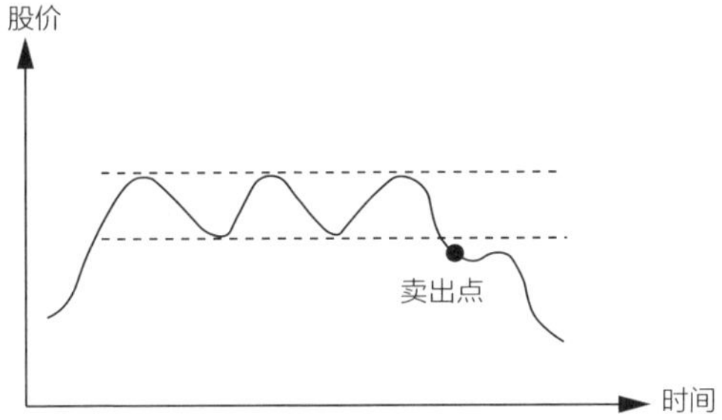

图 9-8　趋势跌破卖点一

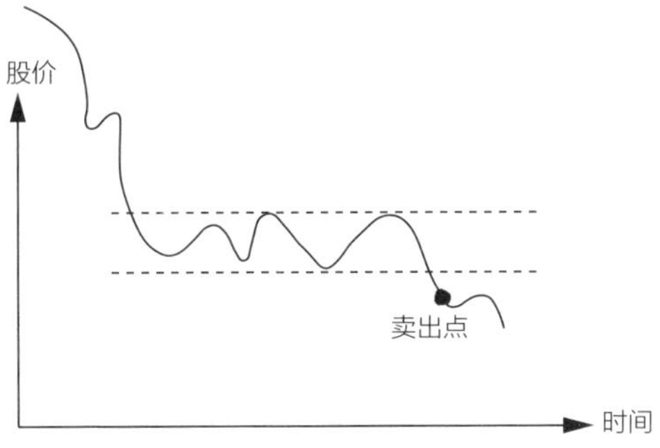

图 9-9　趋势跌破卖点二

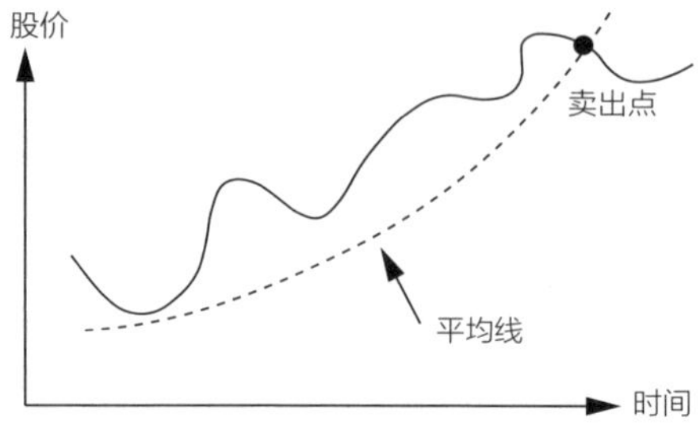

图 9-10　趋势跌破卖点三

在实际运用中，除了这几个经典卖点，我也会根据实际的市场和个股运行情况来全部卖出或部分止盈卖出。比如在关键点买入后，很快就拉升了几十个点，我会先部分卖出，把部分利润拿到手；或者市场出现了风险预警信号，哪怕个股独立走势再强，我也会选择卖出一部分，减少持仓，防止股价被不好的市场行情带着下跌，这样做有助于我拿得住这个股票。

细心的读者可能会注意到，在买入点的图中标注了止损点。这个止损点就是在我们买入后，股票向上突破失败，转而掉头向下，跌回原有趋势的止损卖出点。这个止损卖出点极其重要，可以说是整个交易系统中最重要的一个设置，它能保证我们把每次的损失控制在小范围内，相反一旦买对了上升趋势就能获取比较大的利润。我会把止损点设置在买入点往下亏损 8% ~ 10% 的空间，并且每次买入时设置止损点，一旦跌破止损点，坚决卖出。

如果股票突破失败，我们被迫止损，之后股价又重新回到突破临界点怎么办？这是经常会出现的情况。这时候就要完全抛弃原来的沉没成本和亏损对我们的不利影响。我们只需要站在此时此刻，重新评估市场和股票的状态，评估它们还符不符合交易系统的标准，还值不值得买入。如果评估结果依然为值得买入，那就可以重新买入。这遵循了交易的一致性原则，如图 9-11 所示。

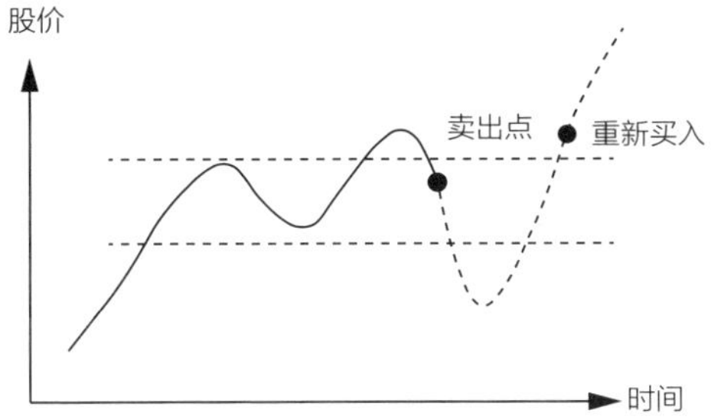

图 9-11　止损后再次买入

以上就是我的交易系统的简单框架。它很简单，不需要耗费投资者过多的时间研究各种财报；它的规则很明确，可以让投资者准确执行；它很有效，因为尊重市场客观走势，可以最大限度降低主观的人为因素干扰。这一套交易系统，让我每年都能抓住市场最高效赚钱的一段行情，并且让我规避了很多股价大跌的时刻，是我认为非常适合普通投资者的一套交易系统。

复盘时刻

1. 杠铃策略和趋势交易是我投资系统中的核心交易策略，可以有效提升组合的风险收益比，提升资金使用效率。
2. 这个交易系统非常适合普通投资者，是一套可以长久使用的交易系统。

普通投资者的简化策略

在前面的章节，我分享了如何一步步搭建投资系统，也给大家展示了我的投资系统的大体框架。可能很多读者会觉得很复杂，要兼顾很多要素，还要每天选股和监测很多板块。所以在这一节，我向大家介绍一个简化的版本，让大家更容易上手和坚持执行。

简化版趋势交易有两个前提条件。

1. 只交易大盘指数 ETF 和行业 ETF，不交易个股。

2. 交易环境一定要满足标的指数位于年线（250 日均线）之上的条件，且年线已经走平。如果交易环境不满足这两个条件，一定不能交易。

首先，我们要监控上证指数、深证综指、中小板指、创业板指、上证 50、沪深 300、中证 500、科创板这些指数的共振情况，这是绝对不能省的时间。因为经过我多年的实战验证，只要指数不完全共振或者共振程度不高，尤其是像沪深 300、中小板指、创业板指等大指数没办法同步站稳并且向上时，说明市场的状态是非常不稳定的，股价很可能随时都会下跌。很难有板块或者个股能够在市场不稳定的状态下出现独立上涨的行情，哪怕有，我也不会去赌那个可能性，因为可能性太小。

就像在天气不好时，我绝对不会去打鱼。

其次，我会用表 9-1 来定性市场环境及定量仓位。通过监控的七大指数与 20 日均线和年线的位置关系来确定市场处于哪个趋势区间，并以此来确定最大的仓位限制。比如在七大监控指数里面，有五个落在了区间 2，3 个落在了区间 3，那么我的组合的最大仓位就是 60% ~ 70%；如果反过来，有 3 个落在了区间 2，有 5 个落在了区间 3，那么组合的最大仓位限制就是 50% ~ 60%。

表 9-1　市场仓位表

	指数位置	多空区间	参考仓位	备注
区间 1	指数 >20 日均线 > 年线	多头	70%	同时监控：上证指数、深证指数、创业板指、科创 50、上证 50、沪深 300、中证 500 等七个指数共振情况综合评分
区间 2	指数 > 年线 >20 日均线	震荡偏多	50% ~ 70%	
区间 3	20 日均线 > 指数 > 年线	震荡	40% ~ 60%	
区间 4	年线 > 指数 >20 日均线	震荡	40% ~ 60%	
区间 5	20 日均线 > 年线 > 指数	震荡偏空	30% ~ 40%	
区间 6	年线 >20 日均线 > 指数	空头	30% 以下（甚至空仓）	

再次，定买点。简化版的指数趋势买点跟上一节中的股价趋势突破买点不一样，因为指数的走势不会像股价一样猛烈向上突破，大部分时间都是宽幅震荡走势，所以我们需要对买点进行调整，并且调整原则是简单易操作。这里我们需要用到三条均线，它们分别是 20 日线、120 日线和 250 日线。第一最佳买点是买在均线刚开始形成多头排列的买点（20 日线 > 120 日线 > 250 日线），第二较佳买点是买在均线震荡偏多头的买

点（120 日线＞ 20 日线＞ 250 日线）。

切记，如果买点处于震荡偏空或者空头排列下就不买。也就是说，标的指数、20 日线、120 日线，这三者只要有任何一个处于 250 日线以下，就不买入。严格的买入点设置，有助于我们减少震荡交易摩擦，专注于好机会。

最后，定卖点。卖点有两种情况，分别是止盈和止损。止盈，有一个很好用且灵敏的风险预警指标，叫预警点。只要大盘指数出现放量滞涨或者放量下跌，就把这个点标记为预警点。只要密集（如一周内）出现 3 个或以上出货点，那么指数接下来大概会出现一段时间的下跌回调。如果 20 日线在高位走平甚至拐头向下，或者密集出现预警点，我都会减仓甚至空仓。

止损，即在多头排列区间买入。如果发生了亏损，可以在亏损 3% ~ 5% 的位置卖出止损，或者根据表 9-1 来被动地、机械化地降低仓位。

以上就是简单化的趋势交易系统了。虽然它的整体收益率大概率落在 5% ~ 10% 区间，可能还不如投资股票，但是它很稳定，特别适合没有太多时间研究股票，又想通过投资赚点小钱，享受投资乐趣的人。

普通投资者除了用简化版的交易策略，我还特别推荐定投指数。就像我在本书基金投资章节中提到的，我们可以将定投策略和趋势交易策略完美结合起来，用定投来平滑组合的收益，用趋势交易来提高整体的收益和资金效率。两种策略都很简单，很容易执行，且能完美互补，特别值得没有太多时间精力的投资者学习和掌握。

复盘时刻

普通投资者可以通过简化版的趋势交易策略来获取稳定的收益，且享受交易的乐趣。

复盘时刻：
股票投资要义——
如何在股市中找到自己的“财富密码”？

1 **股票投资是财富增值的必修课：**过去几十年，房产是经济增长的主要引擎。未来科技和创新将成为经济发展的核心动力，而股市正是支持科技企业融资的重要平台。长期来看，股票的收益位居各类资产之首。随着中国经济的转型发展，未来中国股市有望走出像美国一样的长期慢牛行情。股票投资将成为未来财富增值的主要渠道，是每个人都应该掌握的财富增值技能。

2 **找到适合自己的投资方法：**股票投资有多种方法，价值投资、趋势交易、短线交易、量化投资，每种方法都有其优缺点。价值投资注重企业的内在价值，适合有耐心、愿意深入研究企业基本面的投资者；趋势交易则通过技术分析捕捉市场和个股的上升趋势，适合喜欢跟随市场波动的投资者。没有一种方法是完美的，关键在于找到适合自己的投资方法，并坚持下去。

3 **建立自己的投资系统：**投资不是靠感觉，而是靠系统。一个完整的投资系统包括选股标准、仓位管理、买卖点设置和风险控制。通过系统化的交易，投资者可以避免情绪化决策，减少犯错的可能性。没有完美的系统，只有最适合你的系统。通过不断实战和优化，你的投资系统会越来越成熟。

4 **趋势交易与杠铃策略结合的策略：**我的投资系统以趋势交易为

核心，结合了杠铃策略，这样既能抓住市场的上升趋势，又能有效控制风险。趋势交易的关键在于趋势识别、选股标准、买点选择和卖点选择，而杠铃策略则通过给资金划分区间，确保大部分资金安全，小部分资金追求超高收益。这种策略适合有一定经验的投资者，能够在市场波动中保持收益稳健。

5 **简化趋势交易策略：**对于普通投资者来说，简化版的趋势交易策略是一个不错的选择。通过只交易指数 ETF 和行业 ETF，避免个股的高波动风险，同时利用均线系统确定买卖点，简化了操作流程。此外，定投指数基金也是一种稳健的投资方式，适合没有太多时间研究市场的投资者。投资不需要复杂，简单有效的策略往往更能带来长期收益。

核心结论

股票投资，要找到适合自己的路

股票投资不是一场“赌博”，而是一场需要精心策划的“战争”。无论价值投资、趋势交易，还是简化版的定投策略，关键在于找到适合自己的投资方法，并坚持执行。只有找到适合自己的路，通过系统化的交易和严格的风险控制，才能在股市中走得更远、更稳。

所以，下次当你准备进入股市时，不妨停下来问问自己：我真的了解股票投资吗？我有没有一套适合自己的投资系统？

Part Five

第五篇

财富觉醒

10

第 10 章

财富终极进化论：打造你的财富基因链

我常说，投资就是浓缩版的人生。投资反馈来得很快，我们不断面对着亏损和错误，需要持续学习，掌握各种投资知识和技能，不断自我反思、总结和提升。投资极大地放大了人的欲望，我们不断面对着贪婪、恐惧和懊悔等情绪，需要不断磨炼自己的心性，深刻地觉察自己、面对自己和驾驭自己。

这么多年的创业和投资经历，让我深刻认识到：创业和投资的底层是一样的，它们都是我们对世界、对财富和对人生理解的映射。

因此，在本书的最后一章，我想把这些年我领悟到的投资、财富和人生成功的哲学，分享给你。

承担责任：开启成功的第一步

我想分享的第一点是，主动承担责任。

主动承担责任，是我人生进阶的一个重要信条。主动承担责任，意味着要**主动找活干**，也意味着要**敢于承担后果。**

人类的天性是趋易避难，喜欢推卸责任，因为这样可以让自己过得更舒服。没有人想让自己过得很难受，所以大多数人在工作中遇到新的任务和挑战会本能地往后退缩，害怕会吃亏；不愿意比别人多干活，害怕会失败，而不敢求变。对很多人来说，少做、少犯错就是最好的安排。

不愿意承担责任的人，在投资中只会让别人告诉他该买哪只股票，不愿意主动学习和思考也不愿主动做决策。因为他不敢承担责任，一旦投资亏损就可以怪别人不专业，怪市场不好。如果是自己研究后做的决策，万一失败了就要责怪和否定自己，那种感觉实在太难受了！

对于承担责任，弱者看到的是负面的一面，所以他们害怕失败。而强者看到的是正面的一面，他们认为失败能让自己更强大。

我特别想和你分享我主动承担责任的经历。我毕业后进入银行工作，做对公信贷业务。我每天早上 7 点半开始一直工作到晚上 10 点，一个人把我师父和师公两个人的工作都扛了，让他们能够安心地出去跑业务。因为“解放”了他们，支行的业务量上来了，我也承担了更多工作。这意味着支行三个人的客户工作量，我一个人全包了。我没有一句怨言，相反每天都干劲满满。我记得很清楚每次上下楼梯都是拽着扶手奔跑，每次清洁阿姨在楼梯遇到我，都会一边笑着夸我身手敏捷，一边忙着给我让路。就这样不断主动干活，连续干了三年后我成为行内的业务小能手，很快得到了晋升机会。

后来行内要成立全新的部门——投资银行部，我认为现有的业务已经没有很大的进步空间，而去投资银行部能够学到更多全新的知识。于是我主动申请调部门，成为这个部门的 001 号员工。在这一年，我不断学习新业务，同时也开启了我的投资之路。一年后，我离开了银行，开启了我的全职投资生涯并进入了互联网保险赛道。经过多年的努力，我拥有了一家细分行业的全国头部机构，也拥有了一支专业的投资团队。

从主动扛所有工作，到主动申请换部门；再到离开银行，全职投资及创业，我都在不断主动迎接挑战、主动承担责任。毕业后进银行做信贷业务，对于一个没有经验和资源的新人来说，如果我没有主动找活干，我不会得到晋升的机会，也不会积累第一批投资客户。如果我没有离开银行，没有敢于承担后果和责任，我也不会拥有现在的公司及投资团队。

在投资中，我也一直在承担责任。我一直都在努力学习，自主决策，不断试错优化，最终形成了自己稳定的投资体系和团队。从投资的第一天开始我就知道，我不可能听从别人的建议而发财致富。我不可能不学习、不经历挫折就能够在这个大多数人都失败的领域拿到成果。在选择进入这个行业的时候，我就已经做好了必须拼尽全力，以及承担责任和后果的准备。

银行、投资和创业，都是高风险、高压力的行业，都需要我们直接承担责任。

其实我们的人生也是如此。无论我们是否主动承担责任，我们都在为自己的人生承担着相应的后果。如果你选择躺平，那你就要承担躺平所带来的未来财务紧张的后果。如果你选择奋斗，就要选择承受奋斗所带来的精神压力，甚至面临失败的后果。

所有命运馈赠的礼物，早已在暗中标好了价格。

想要真正发生改变，想要变得更好，第一步先从愿意主动为自己承担责任和后果开始。

只有看到了自己的责任，我们才不会有受害者心态，不会推卸责任。遇到问题的时候，我们需要向内求索。因为我们唯一能控制的只有我们自己，向内求索，才是人生成功和幸福最重要的法门。

只有敢于承担后果，我们才会有意识去思考和选择我们想要过什么样的人生。只有尝试改变了，才会有犯错的机会。千万不要怕犯错，我们要看到错误，错误能够让我们进入反思程序，让我们变得更强大。

敢于承担责任，是普通之路和成功之路的第一个分岔口。承担责任，让我们的人生由此不同。

复盘时刻

1. 弱者看到责任的后果，强者看到责任背后的成长。主动承担责任，是强者和弱者的第一个分岔口。
2. 我们要意识到所有的选择都有代价，我们选择了什么，就要为这个选择付出相应的代价。

掌控感：成事的不二法门

成功的人生往往需要掌控感来支撑。没有掌控感的人生，就像开车没有导航一样：不知道哪条路才是最佳路线、路况如何、终点在哪里，甚至还会走错路、走回头路。

我是一个特别重视掌控感的人。这种掌控感并不是控制欲，而是我能够对过程的发生、结果的实现，有着基本的判断和一定程度的掌控性。我对团队的管理很“佛系”，我不会过分干涉和关注细节，但是我会和团队成员探讨他们做每件事的目标、过程管控、结果评价标准等大方向上的细节。然后放手让他们自由发挥，在过程中定期检视和复盘就可以了。一开始他们经常把问题抛出来，想等我给解决方案。而我每次都会反问：“你认为要怎么办呀？”他们就不得不去思考要怎么解决，方案 A、B、C 分别是什么？分别有什么优缺点？然后我又会问：“你想要用哪个方案呀？怎样去实行呀？”他说完之后，有反馈我就给出反馈，没反馈就让他去执行。

这种管理方式，可以让团队成员工作很有积极性，对事情有掌控感。因为他在掌控事情，实现他的想法，而老板也对大方向和结果呈现掌控感。做到了老板把控方向的准确性，员工把控过程的落地和结果的实现。

掌控感其实是安全感的一种表现。安全感、自主感和关爱感，是人类三个基本的情感需求。但是谈安全感，会显得范围有些大，我们往往不知道怎么落地实行。而掌控感就比较实在，即我知道我需要去把握和抓住一些东西，来增加我的安全感。

有了掌控感的概念，我就能清晰地知道哪些可为，哪些不可为。对于那些让我没有掌控感和安全感的事情，比如未来我的业务可能会发生重大变故，我的投资可能会发生重大损失，我的公司甚至有破产的风险，我是不能容忍的，必须想办法阻止。下面我用我的创业和投资经验来分别举例。

我算是互联网保险的先行者，那时候整个 C 端的商业模式还不完善。很多自媒体博主有流量，但没有保险转化团队，而有些上游的保险经纪公司是可以提供代转化业务的，甚至不需要收取额外的费用，只要博主推荐的产品从保险经纪公司出单就可以。很多人会觉得这样很好，不仅不用辛苦搭建转化团队，还能利润最大化，甚至售后理赔服务都可以不用自己管理。但是从第一天开始，我们公司就决定要自建转化顾问团队。招不到人怎么办？没有培训师怎么办？不会设定薪酬怎么办？没关系，创始人自己承担责任自己上！我就是我们公司第一位保险顾问、第一位培训师。那时候我既要负责写内容，又要负责做客户咨询，还要学习怎么搭建销售团队、转化流程、构建薪酬体系和培训体系等。所有东西都是现学现卖，边做边改。

我知道外包转化业务或者卖流量的模式很便利。这样业务模式做得很轻松，每一个有效流量进来都能马上产生利润，利润又可以催生更大规模，实现压力最小化、利润最大化。但是我更知道这样存在很大的风险：这样做相当于把半个公司的业务掌控权交了出去。未来一旦合作方开始收取转化费用，或者市场流量成本上升，公司的业务一定会受到影响。而且我很难把握保险咨询的质量，一旦发生风险和口碑事件，对我的品牌将会是灾难性的打击。想明白这一点后，我没有丝毫犹豫，哪怕搭建团队的过程很痛苦、见效很慢、消耗很大，我也毅然选择了全业务闭环的模式。

除了顾问团队的重投入，我们在前端内容平台的迁移，也做了几次大的战略调整。我们最初通过公众号和知乎起家，当我意识到我们已经成为某个平台的头部甚至内容量过多，有“控制舆论”的风险后，我们选择进驻小红书。之所以选择小红书，没有选择视频类平台，是因为那时候的小红书更侧重图文，与我们的能力模型更匹配。而且当时小红书上很少有人分享保险知识，我们团队足足耕耘了一年才开始有稳定的效果产出。后来短视频时代到来，原来的图文平台开始式微，但因为我们已经形成了两大流量阵地，所以业务还在稳健增长。在短视频时代及全民直播时代到来时，我们也意识到这个趋势不可逆，不能丢失这个流量阵地，所以提前进行布局，又足足持续投入了一年多才开始有所成效。现在公司已经形成了以小红书、抖音、微信为核心，多平台开花的局面，也收获了全网足够坚实的品牌影响力。

无论自建顾问团队，还是提前且持续投入新的流量平台，都是因为我有很强的危机感，只有对业务方向和过程不断增加掌控感，才能在日后激烈的竞争和恶劣的市场环境中生存下来。当年京东要求建立自己的物流体系，进行差异化竞争和构建企业护城河，也是一样的道理。

在投资中，我对掌控感的要求更甚于创业。因为投资的变化比创业更快，一个浪打过来都有可能顷刻翻船。我们团队有一套非常完整且严格的投资体系和决策流程，每一次投资的决策都需要经过投资体系和决策流程的检验，且每一次投资都需要做复盘；看不懂、研究不透、存在很大隐患的投资机会，我们都坚决不碰，会把它们扔进类似于巴菲特的“太难”盒子。我们还将决策人和执行人分开，相当于在决策人和市场之间加了过滤网。这些都是我们为了在各个维度上增加投资的可控性而设立的保护措施，防止投资疏忽和人性的干扰。

无论经营事业还是投资，我们都需要掌控感。

掌控感，可以让我们的方向不容易偏离，更合理有效地达到目标；

掌控感，可以让我们尽可能规避重大风险，让事情发展更平稳顺利；

掌控感，可以让我们更有自信地做事，获得正向反馈，开启正向循环。

掌控感不是要求我们去追求确定性，放弃冒险和灵活性。而是要求我们从更大格局看待事物发展的规律，找到关键问题，从更深层次推进事物发展。

复盘时刻

1. 掌控感就像导航一样，可以不断帮我们校正目的地和获得最佳路线，防止走错路或走回头路。
2. 掌控感不是控制一切，而是从更大格局看待事物发展，抓住关键问题，从更深层次推动事物发展。

底层规律：掌握这个世界运行的法则

我一直很喜欢介绍底层的东西，包括本书的内容设计，虽然略显枯燥，但都是投资中最底层的东西。

以前总有学员喜欢问我一个问题："嘉林老师，你认为获取财富或者成功最重要的是什么？"我每次的回答都是："极度渴望、极度努力、极度利他。"每次这种大而泛的共性问题，我的回答都一样。久而久之他们就不问了。之所以我每次的答案都一样，不是因为我敷衍，而是因为这三条法则足够底层，是成事最重要的三大法则，我把它们叫作"成事三法则"。

极度渴望，代表我们不仅要有目标感，还要有很强的愿力，唯有这样才能在遇到困难时坚定前行；极度努力，代表我们不仅要仰望星空，还要脚踏实地，专注目标，每天都付诸行动，奋力前行；极度利他，代表我们在与人合作和相处时，要多为对方着想，利他才能更利己。要寻求共赢，一群人才能走得更远。

你看！经过这么拆解，成功是不是就变得特别简单和清晰可见？你只要坚持做到这三条，成功就指日可待。

任何事情都有它的底层规律，只要我们能把底层规律和最核心的要素抽离出来，再复杂的事情都会变得很简单、很清晰。正如牛顿用 $F = ma$ 解释了物体运动的规律，而且牛顿的这一理论不仅解释了地球上的物体运动，还成功预测了天体的运动轨迹；爱因斯坦用 $E = mc^2$ 解释了物质与能量之间的关系，改变了人们对能量和质量的传统认知，还为核能的开发提供了理论基础。

当然了，这个简单并不是说过程变得很简单，事情都会变得顺顺利利，我们不再需要奋斗。这个简单代表的是原理简单，我们拥有了对底层规律的认知，有了指导思想，在前行的过程中就有了方向和原则。

其实我上面说的“成事三法则”，就是做人和做事的原则，也就是财富的最底层规律。我们回看中国古代流传至今的著作：有哪一本是教我们培养商业思维，教我们如何赚钱的？一本都没有！纵观《易经》《道德经》《论语》《大学》《中庸》《了凡四训》《菜根谭》《史记》《资治通鉴》等，它们都在教我们如何做人，如何做事。

如果把财富的底层规律按照“道法术”来区分，那么做人做事就是财富在“道”层面的底层规律；富人思维、财富思维，比如如何利用趋势、杠杆和复利这三大致富工具，就是“法”层面的底层规律；如何建立投资体系、如何做好企业管理就是“术”层面的底层规律。

每个人所处的阶段不同，当下需要去抓住并深耕的底层规律也不一样。普通人刚起步，更多需要在“道”“法”“术”

层面深耕，掌握正确的财富和投资思维，建立正确的认知，并且围绕自己的目标前行。富人能成事代表他们已经在“道”“法”“术”层面做得很好了，他们想要做得更好，迈向更高的层面，就需要更多努力。

投资同样也有很多重要的底层规律，本书反复提到的尊重市场、尊重客观事实、二八法则、复利、非线性等，就是投资的底层规律。

我经常强调要关注理财产品的底层资产。要知道我们买的基金、公 / 私募产品，它们都被投到什么资产里面，资产的质量和产品的运作逻辑是什么状态，有没有 BUG，有没有风险防控措施等。只有充分了解这些底层规律，才不会掉到投资的坑和骗局里，不是只简单看哪个有收益就买哪个。

如果投资者没有认识到这些底层规律，或者建立的投资体系没在这些底层规律之上，就没办法持续拿到稳定的结果，哪怕一时有收益，最终都会把利润还给市场。

财富的底层都是相通的，世界的很多规律也是相通的。无论工作、创业，还是投资，甚至是人际关系、家庭关系。我们都会发现，只要我们掌握了一些共同的底层规律并踏实做好，很多事情都会变得更好。

比如，我们前面提到过的主动承担责任，也就是老祖宗说的“行有不得，反求诸己”。只要时刻想着自己的责任，主动从自己身上找原因，不推卸责任，用这个底层规律来指导自己，我们的工作、投资和生活，都一定会越来越好。

复盘时刻

1. 所有事情都可以找到底层规律，只要掌握了底层规律，事情就变得简单明了。
2. 我的“成事三法则”：极度渴望、极度努力、极度利他。“成事三法则”就是做人做事的底层规律。
3. 世界万物的底层是相通的，财富的底层也是相通的，只要抓住了底层规律，并踏实做好，财富状况和人生一定会越来越好。

长期主义：难且正确的事，往往重剑无锋

一说起要坚持长期主义，我想应该很少有人会反对。毕竟水滴石穿、铁杵磨成针、冰冻三尺非一日之寒，这些都是学校和家长从小教给我们的道理。纵观那些获得好结果的人都是坚持长期主义，经历了很长时间积累的人。

可是如果我问一个问题：什么是长期主义，长期主义对于你的意义是什么？又有多少人思考过该怎么回答这个问题？

作为一名财富教练，我问过很多人这个问题。几乎没有人思考过，对于自己，什么才是对的长期主义，要在哪个方面践行长期主义，怎么践行才能保证带来回报。

你看！知道并不等于做到，成功的道理就摆在那里，但是却鲜有人能真正摸得着、参得透。

那什么是长期主义呢？我想用我自己的经历来进行分享，希望大家能有启发。

在互联网保险的创业项目上，从创业开始到现在八年。我们一直都在坚持做内容输出，而且是每天进行大量的内容输出，以至于现在形成了全网强大的内容阵地和品牌影响力。

你可能会说，做到这件事情很难吗？

理论上不难，只要坚持就行了。但现实却是很难做到，因

为坚持投入大量的人力物力做内容，前期的见效很慢，不如直接投广告、买流量简单快捷。大部分人都想要直接的结果，等不了复利爆发临界点的到来。

所以在过去这些年，尤其 2018—2020 年市场上有上千家的保险自媒体机构，绝大多数都是采用广告投放的方式来获取流量的，要么是投大的公众号推文，要么是投百度竞价搜索，要么是投各流量平台的内容。这种模式很简单，只需要生产有限的内容，把投资回报率算好就能反复跑模型，且人力成本低，短期效益好。

那几年，整个互联网保险赛道风生水起，一些机构拿到了少则千万元，多则过亿元的融资。拿到融资后，它们就大规模扩张团队和流量阵地。只有我们还在默默坚持自己的战略，主战略是通过做大量内容来获取自然流量，辅战略是通过广告投放来弹性获取流量，并且优先扩充的是主战略。

坦白说，那个时候我们也有压力，越来越多机构入场竞争，身边的同行都开启了跑步飞奔的模式，而且随着竞争越来越激烈，流量成本也越来越高了。但是，最终我们想明白了几个关键问题，让我们坚守了长期主义。

1. 我们的竞争优势是什么？

答案是我们多年以来生产内容的基因和体系，这是别人在短时间内没办法复制的。这个不是有钱就能复制的，还需要时间的沉淀。

2. 当竞争激烈，投流获客成本越来越高，大家都没有利润的时候，什么才能让我们更好地存活下去？

答案是不需要花钱投放、不受投放成本上升影响的自然流量。恰好这个也是我们的竞争优势。

3. 互联网保险行业的模式有什么特征，是体现了马太效应的胜者为王吗？

答案是互联网保险需要人服务，有一定的流量规模就必须有相应的顾问团队，但团队大了管理难度上升，就没办法快速形成规模效应。它不是一个快的生意，而是一个慢的生意。互联网保险赛道，不是像美团、滴滴这一类烧钱就可以解决战斗的赢者通吃、胜者为王的模式，而是“剩者为王”的模式。

4. 如果我们加入抢流量大军，对公司未来会有什么影响吗？

答案是过量的流量进来会逼着团队快速扩大规模，这样做会有风险。如果有资金实力，我们应该同时加大内容生产和广告投放力度，做到长期和短期同时抓。

想明白这几个关键问题后，我们认为只用投流获客不是长久之计。坚持做内容，利润要不断加持到主战略的内容规模上，而不是辅战略的流量投放上，深挖内容的护城河才有可能在最后一骑绝尘。最终证明我们的判断是正确的。当后面几年行业竞争激烈，成本上升，利润下降时，很多同行开始顶不住压力业绩下滑了；而我们却越战越强，越来越有优势，慢慢爬到了行业头部的位置。

在投资中，我也是一样的。一开始学投资的时候，我的目标就是操盘几千万元甚至上亿元的资金。所以那些不稳定、不能吸引和容纳大资金的方法我都不学。我自己进行操盘训练的时候，哪怕手上只有10万元，我都当1000万元来用，同时严格分仓，严格执行规矩，不能因为钱少就没有规矩。

那时候我从银行出来，很多人包括我跟过的几位领导都主动要给我介绍工作，也有很多人想要招募我，一些是我服务过的企业，一些是朋友的公司，但都是跑业务，不是我想要的。最终我选择了股票投资，虽然期间很多人劝我，说中国股市风险大，玩不赢“庄家”，但我依然非常坚定。因为我知道打工只是一时的，天花板很低，长远看很不稳定。股票投资虽然短期看风险很大，但长远看它是一个永不消失的行业。只要我打磨出一套方法，控制风险，稳定盈利，我一定会越做越大，越老越吃香，这是一个值得长期坚守的行业。那时候我甚至想，专心在投资行业干两年，实在不行我再去那些招募我的企业上班就可以了。毕竟过去这些年我通过做事积累的“个人品牌”还是不错的。

明白了这一点后，我一点都不着急，我从来不跟市场拼短期收益，也不请业务员跑业务。我强调风控，我知道我只需要使收益稳健，自然而然就会吸引很多长期主义的优质客户加入。至今我在这个行业已经从业十年了，近几年行情较差，很多私募机构都消失了，但是我私人管理的资金规模却在十年里翻了二十倍。

以上分别是我过往在创业、投资和职业选择上所找到的践行长期主义的着力点。我还能举出很多案例，无论在创业、投资，还是学习、人际关系等方面，长期主义给我带来的好处实在太多了。

长期主义不仅仅存在于事业上，也存在于人生的方方面面上。每个人都需要有长期主义，也都会拥有长期主义的战场。

在学习上，我坚持“经世致用”的原则来学习。在一个领域持续扎根学习，挖掘“一万米深”的专业深度。我们想要在一个领域拿到结果是需要持续深耕的，直到锤炼出那个能让我们一骑绝尘的技能，这就是我们人生的支点。只有在这个支点越来越稳固的时候，才能撬起人生的杠杆。

持续在一个领域深耕，是一件很枯燥的事。很多人学了一点就认为学会了、学够了，他们涉猎很广，兴趣很多，反复横跳，无序扩充自己的知识。表面看起来什么都懂、都会，但实际应用起来却捉襟见肘。

我们要优先选择在一个领域挖掘“一万米深”的策略，而不是选择涉猎“一万米宽”的策略。

在人际关系上，我们也需要长期主义。在值得深耕的、有价值的人脉上，持续深耕，而不是在有用的时候才去维护，没用的时候就不去维护。维护关键、有效的人脉，需要用心，更需要长期保持耐心，这样一定会带来非常大的杠杆效应。

在人生道路上，我们也需要长期主义。我们需要思考自己想要成为一个什么样的人，我们在做的工作怎么和生活融合在一起，当工作、生活、家庭和人际关系都高度统一的时候，我们就会发挥出无穷的力量。比如我是一名财富教练，我不仅教学员财富技能，我还会在我的家庭生活和子女教育中，贯穿我的教学内容。这样我就给我自己的事业和我的家族，搭建起一个长期的人生结构，并且惠泽世代。

坚守长期主义，要有宏大的愿景和格局，才能在遇到困难的时候不放弃；要有清晰的目标，才能路上不跑偏；要有足够的耐心，才能静待花开；要有正确的正向反馈，才能越做越好。

长期主义就像一把重剑，不锋利，挥动起来很难，需要很大很大的力气；但一旦你把它挥动起来，它自有雷霆万钧、摧枯拉朽之势。

复盘时刻

1. 长期主义存在于我们的工作、生活、家庭、教育、学习、人际关系等方方面面。
2. 对大部分人来讲，长期主义只是一个名词，他们不知道怎么做才能让它助力结果最大化。
3. 每个人都要思考，什么是长期主义，怎么践行长期主义，才能帮助我们获得好结果。
4. 长期主义，重剑无锋。一开始很难，一旦挥舞起来，势不可挡。

学习：改变命运的“核武器”

我始终坚信学习是最好的改变命运的方法。这个学习不仅是指在学校学习或看书学习，也包括参加课程、拜师、学手艺等。

任何人在任何时候都可以通过学习改变自己的命运。

在学生时代，我都是埋头学习学科知识，很少进行课外阅读，工作后也很少看书。那时候我很单纯，跟大部分人的想法一样，就是想着做好本职工作，在自己的职业生涯中升到银行行长就是我的梦想了。

后来开启投资生涯，我才开始大量阅读各种经典投资著作，学习书中的投资理念、交易方法，建立自己的投资体系。通过集中式的海量学习，我的投资体系搭建得很快，我的投资很快就有了起色，并吸引了第一批客户。这是我第一次体验到持续在一个领域学习并持续进步的乐趣，第一次真正感受到：通过学习是可以掌握一项技能的，也是可以改变命运的。

在创业的过程中，我也大量学习了各种创业和管理课程，学习了很多概念，比如流量池、流量漏斗、经营漏斗、人力资源管理、领导力等，对于一个创业小白来说，特别实用。那段时间我在所有的开车时间、走路时间、洗澡时间听课，只要有空一定是戴着耳机在听课，哪怕只是到楼下买一杯咖啡，10分钟时间我都会戴上耳机听课，疯狂汲取知识。

2015—2022 年，我在投资和创业这两个领域扎根式学习，更好地拿到了第一阶段的结果。2023 年初，我忽然意识到我的思维和世界好像被固化了。毕业十年，我无论在银行系统工作，还是创业管理公司，抑或是投资管理资产，基本上都是在一个固定的小圈子里待着，很少与人打交道，其实我对世界的认知、对人的认知是不深的。为了把事业做好，我拼命加强垂直领域的学习，理工科的逻辑优势更突出，但是我却给自己制造了一个信息茧房。

2023 年开始，我开启了另一段学习之旅，开始大量看不同类型的书，工作之余参加各种社群，接触了很多不同的人，看到了不同的商业模式，接触了很多成功和失败的案例。我对世界的认知，对各种人的认知变得更完善了。

2023 年和 2024 年，我不断把学到的东西、接触过的人和听到的经历，与我以往的经验进行碰撞。我才意识到，原来这个世界是这样运行的，财富的规律是这样形成的，创业和成功的底层是这样的。原来我以前做对了很重要的东西，只是我不自知。

2024 年是我真正觉醒的元年。我把过往所有的积累，包括看过的书、听过的课程、接触过的人、看过的案例、自己走过的路全部融合在一起，提炼出了很多财富和成功底层的知识点，我还能有意识地去运用，也让我在原有创业和投资上获得了更好的结果。

就拿投资来说，我原来以为我的投资体系已经特别有逻辑，特别符合理科男的思维，也能稳定拿到收益，已经很完善且没有什么需要优化的地方了。但是当我开始学习很多投资技巧以外的知识时，我才发现我的投资已经进化到了另一个层次了。这个进化主要不是投资体系的进化，而是我作为背后操盘手的进化，是思维方式、认知和信念层面的进化。这一步进化非常关键，相当于在原有投资大脑的基础上，新启用了另一个观察自己的大脑，就好比如原来是工业时代，整个投资体系都比较固化，进步空间很小。现在直接进入了 AI 时代，可以通过 AI 工具观察自己的思维和信念，来让投资结果更好。

以上就是我这些年的学习之路了，从一个没有任何资源的小镇青年，全部靠自己打拼到现在。我认为这是不断学习，不断打破和重构自己所带来的馈赠。如果没有学创业、学投资，可能这两个事业我都会做得一塌糊涂；如果没有跳出来看世界，我也没有能力复盘过往，并走向更好的未来。

人生就是一场不断学习和进化的旅途，任何事情都可以通过持续学习做得更好。如果你在工作、投资、家庭关系、人际关系、亲子教育上遇到了困惑，请学习吧！相信我，你一定会变得越来越好。

复盘时刻

1. 学习是最好的改命武器，任何人任何时候都可以通过学习改变命运。
2. 人生就是一场不断学习和进化的旅途，任何问题都可以通过学习来解决。

柔弱胜刚强：弱者才最强

我特别喜欢《道德经》里的“弱者”智慧。

《道德经》的一个核心智慧就是“反者道之动，弱者道之用”。意思就是道向它相反的方向运动，道往往在常识相反的地方、在看不到的地方。而弱者，就是道的具体作用的体现，看似弱的东西才更能体现道的所在。《道德经》中还有很多体现“柔弱胜刚强”的智慧，比如“天下之至柔，驰骋天下之至坚”“天下莫柔弱于水，而攻坚强者莫之能胜”，这些都是非常著名的体现“弱者才最强”的观点。

柔弱的力量往往比刚强的力量更具有持久性和生命力。老子的“柔弱胜刚强”思想不仅是对自然现象的观察总结，也是一种深刻的哲学智慧。它告诉我们在面对挑战时，柔弱并非无能，而是智慧的体现。通过顺应自然规律，以柔克刚，人们可以更好地生存和发展。

铁球、玻璃杯、乒乓球，三种不同的东西同时砸到地上的时候，铁球纹丝不动，可能还会变形，玻璃杯碎了一地，只有平时看似最“弱”的乒乓球能够弹起来，而且砸的力度越大，反弹的高度越高。这种就是“反脆弱”能力，也就是老子的“柔弱胜刚强”思想。

我本人也是典型的弱者思维。熟悉我的人对我的评价几乎都是低调、谦虚、温和，但又绝对是一个狠人，做事推进起来特别猛，对自己也足够狠。

在公司的管理中，我习惯于示弱。正如前面的例子，在很多时候团队小伙伴问我意见时，我会反过来问他：你认为呢？你打算怎么做？为什么？需要什么支持？这就是一种示弱。如果公司所有的决策都依赖老板，那团队就会变得很弱。如果团队自己有思考、决策和执行能力，那团队的积极性就会很高，团队能力一定会变得很强。我在团队成员面前是显得“很弱”的，但是从来没有一个人说老板很弱。相反，他们很喜欢跟我请教各种问题，包括非工作方面的问题。

在投资中，我也喜欢说自己是一位弱者，而真正的强者是市场。在市场大趋势面前，资金量再大的投资者，也很难逆市场趋势赚到钱，更没有办法以一己之力扭转个股趋势。市场波动本身就具有很大的随机性，如果有人说自己可以轻松掌握市场的波动趋势，胜率很高，很容易赚到钱，那他要么是在骗人，要么是还没踩过大坑。

我见过的厉害的投资者都是特别低调谦虚的人，他们从来不会说自己做得有多好，有多厉害。要永远觉得自己还有很大的进步空间，不断加深自己对投资和对世界的理解。

在投资中，因为我是一名弱者，所以我的宣传从来不强调收益，而是拼命讲如何做风控，讲我的投资逻辑和体系是怎么运行的。因为我是一名弱者，所以我会用很多规则来限制自己，不仅限制投资行为，还限制我的生活习惯，甚至我的品性：我怕一旦情绪上头，就会给投资带来毁灭性的打击。

“弱者才最强”是我本人很重要的底层思维。它贯穿我的做人做事之中，无论创业、投资，还是生活。只有承认了自己“弱”，才会敬畏一切，才会不断努力进化，才能共情大多数人，才能托举更大的世界。

真正敢承认自己弱的人，不是弱者，而是真正的强者。强者拥有自己的小世界，而弱者拥有一切。

复盘时刻

1. “道”往往在与常识相反的地方，在看不见、容易被忽略的地方。
2. 柔弱的力量往往比刚强的力量更具有持久性和生命力。
3. 只有承认了自己“弱”，才会敬畏一切，才会不断努力进化，才能托举更大的世界。

乐观设想，悲观计划，愉快执行

稻盛和夫在《活法》里面说："乐观地设想、悲观地计划、愉快地执行。"这句话让我很受用。这句话的意思很简单，是稻盛和夫工作和生活的哲学思想体现。

乐观地设想，代表我们在思考阶段要充满信心和希望，敢于设定远大的目标和美好的愿景。只有远大的目标和愿景，才能激发我们燃烧的斗志。

悲观地计划，代表我们在执行计划前，要充分考虑各种可能出现的困难和风险，做好最坏的打算，确保最坏情况发生时，我们也能从容应对。

愉快地执行，代表我们在执行计划的过程中，要保持积极乐观的心态，享受工作带来的乐趣和成就感，即使遇到困难和挫折，也要以积极的态度去面对。

在前面的章节我提到了一些我的创业和投资经历，也印证了上面的哲学思想。下面我继续从创业和投资两个维度来跟大家聊聊我是如何乐观地设想、悲观地计划和愉快地执行的。

在一开始做互联网保险的时候，很多人都不看好这个模式，尤其是保险行业的从业者，他们不相信保险可以通过线上获客，不相信不通过线下见面也能完成纯线上的交易。哪怕是我们公司已经小有规模的时候，他们也觉得这只是一小部分人的消费习惯。

我们始终乐观相信，全民互联网化的趋势不可逆。尽管最初只是一小部分人，但是随着互联网越来越普及，保险线上服务流程越来越完善，以及 00 后新生代成为家庭主力，未来线上保险的体量一定会呈指数级上涨。同时，虽然我们对未来有非常乐观的预期，但是我们知道要想实现需要 10 年、20 年甚至 30 年，而且我们认为保险不是靠“赢者通吃，胜者为王”的快模式，而是“剩者为王”的慢模式。我们要成为未来的新生代保险头部公司，也需要二三十年的成长时间。所以我们做计划会很悲观，不着急融资，不盲目扩张，而是采用了深挖内容护城河、步步为营的策略。在 8 年的发展过程中，有两次把团队从 100 多人扩张到 200 人，后又压缩回 100 多人的阶段，因为我们要保证公司的生存，并以最强的生命力发展。因为公司一直都以高效和旺盛的生命力在发展，团队伙伴的工作状态和氛围一直都很好，我们也慢慢成为细分赛道的头部公司。

在投资上，我也做到了乐观地设想、悲观地计划、愉快地执行。

在学习投资的时候，虽然身边很多人说，炒股就是一种投机行为。但是我始终坚定认为，随着中国经济实力越来越强，中国的资本市场一定会越来越好，职业投资者一定会越来越吃香且受人尊敬。所以离开银行之后，我就毅然开启了职业投资之路，哪怕近几年的行情不好，我也坚定认为未来中国的资本市场一定会像美股一样走出长达几十年的上涨行情。

虽然我对中国资本市场的未来非常乐观，但我在学习投资和进行投资操作的时候，还是抱着悲观的心态在做计划。我知道要在资本市场生存并稳定赢利，我需要自己先付出血一样的代价。道理很简单，没有一件事情是轻轻松松就能够做成的，尤其是投资这种特别挑战人性的事情。所以我付出了非凡的努力，也付出了血一样的代价来学习，每学到一种新的方法都会先用自己的钱去试验，整个过程的辛酸也就只有自己才知道了。虽然整个过程的代价很大，但是我依然非常热爱投资，每天只要做与投资相关的事情，我都会迅速进入心流状态，完全不知疲惫。

乐观设想人生，悲观计划风险和困难，愉快前行，是一种积极主动的哲学思想，是我们面对人生问题的方法论。它不仅适用于创业、工作和投资，也适用于生活的方方面面。如果能用这样的思维来指导人生，你一定会过得更有意义、更成功。

复盘时刻

1. 乐观地设想，悲观地计划，愉快地执行，是一种积极主动的哲学思想。
2. 无论工作、投资和生活，都应该用这种思想来指导，你一定会过得越来越好。

系统思维：构建财富和人生的飞轮系统

在赚钱方面，有钱人和普通人最重要的区别在哪里？为什么有钱人总是有办法赚到钱，甚至很容易赚到钱，而普通人却很难？

我认为一个很重要的原因是：有钱人拥有一个赚钱系统，而普通人没有属于自己的赚钱系统。

不同的人用不同的方式赚钱，就是我们所说的赚钱系统。大部分的人都是用自己的时间换取金钱，本质上都是用时间换取劳动报酬，只是每个人的报酬高低不同罢了。而有钱人会构建一个赚钱系统，他们或许开公司支付工资请别人给他干活，或许用投资生钱，又或许借助互联网杠杆打造影响力进行变现。这三种赚钱系统其实就是使用了三种不同的杠杆，分别是人力资源杠杆、资本杠杆和规模（产品）杠杆。

这些年，我搭建了两个赚钱系统，一个是经营互联网保险业务的公司，一个是投资。这两个系统都能同时给我提供收入，并且不需要自己投入太多时间，我的两个团队都能很好地把项目运作起来。而且我的两个系统都属于金融板块，能互为补充，经营公司赚的钱，我会投入一部分到投资系统当中，让投资系统帮我钱生钱。当股市行情好的时候，投资系统不仅能帮我赚到更多钱，还能帮我带来更多高净值客户。更多的钱或客户又能反向加强我公司的业务，由此形成了一个双轮驱动的模型。这就是我的“财富双飞轮”模型。

保险和投资都是一个稳定且长远的赛道，它们永远都会在，永远都不会消亡。这能让我有足够的时间，慢慢驱动我的双飞轮，直到飞轮速度越来越快。所以我一点都不急于迅速把公司做大，更不会为了跟别人拼可观的投资收益率而去冒险，我有足够的耐心并坚持长期主义。只要我一直努力，我的飞轮一定会越来越强。

在我的“财富双飞轮”之上，我还搭建了我的人生系统。我不仅给广大用户做保险和投资的知识科普，还做财富认知、财富思维和财富品质教育及家族财富传承。我所有对财富的认知和行动，都会影响我的小孩和身边亲友，他们也慢慢变得越来越好，跟我越来越同频。这些也会反哺我的事业，支持我的家族财富越来越多。

以上就是我搭建的财富系统和人生系统了。它们高度统一、紧密咬合、互相促进，这背后都是我的系统思维的作用。

虽然不是每个人都能拥有创业系统，但是每个人都可以拥有一个投资系统，更应该去搭建自己的人生系统。

每个人都应该去思考，事业、家庭、生活、子女教育、人际关系，怎么才能更好地融合在一起，相互促进，更好地为我们的人生赋能，而不是每一个都单独看待。

举个最简单的例子，你平时多读读书，多参加课程，不断拓展自己的认知和人脉，不仅你自己会有很大的进步，能助力你的主业工作，而且你的孩子看到你的进步，他们自己也会变得越来越好。一点点地，整个家族也会变得越来越好。

拥有系统化的思维，能让自己以更全面的视角来看待问题。坚持长期主义，你慢慢地会发现自己变得清醒和从容，面对短暂的困难也不害怕了，人也不焦虑了。因为你所有的注意力都集中在如何一点一滴地驱动人生系统飞轮的转动上，而不再过分关注外界的变化和评判。

复盘时刻

1. 是否拥有一个赚钱系统是普通人和有钱人的重要区别。
2. 我们每个人都应该拥有属于自己的系统，它可以是创业系统，也可以是投资系统，更可以是人生系统。
3. 只有拥有系统思维，以更全面的角度看问题，才不会被问题带着走，自己会变得清醒和从容，就能拥有更好的人生结果。

复盘时刻：我的投资和人生哲学

1 **承担责任是开启成功的第一步**：主动承担责任是成功的关键。无论工作、投资还是创业，只有敢于承担责任，才能不断成长和进步。弱者往往害怕失败，推卸责任，而强者则看到责任背后的成长机会。投资中主动承担责任意味着自主决策、持续学习和优化，而不是依赖他人的建议。人生的每一步选择都有代价，只有敢于承担后果，才能走向成功。

2 **掌控感是成事的不二法门**：掌控感是成事的关键。无论在创业、投资还是生活中，掌控感能让我们对结果和过程有基本的判断。掌控感不是控制一切，而是抓住关键问题，推动事物向更好的方向发展。创业，我们需要掌控关键业务环节，保证业务目标不偏离；投资，我们需要通过严格的投资体系和流程，规避市场和人性风险，增强掌控感。

3 **掌握世界运行的底层规律**：所有事情都有其底层规律，掌握这些规律，复杂的事情就会变得简单。我的"成事三法则"——极度渴望、极度努力、极度利他，是做人做事的底层规律。投资中的底层规律包括尊重市场、复利、非线性等。财富的底层规律都是相通的，掌握了这些规律，我们的财富和人生都会越来越好。

4 **坚持长期主义是难且正确的事，往往重剑无锋**：长期主义是成功的核心法则。坚持长期主义需要宏大的愿景、清晰的目标和足够的耐心。长期主义不仅存在于事业中，也存在于人生的方方面面，每个人都需要有自己的长期主义战场，只有坚持长期主义，才能在未来收获巨大的回报。

5 **学习是改变命运的“核武器”：**学习是改变命运的最佳途径。无论投资、创业还是生活，持续学习都能让我们不断进步。学习不仅限于书本，还包括实践、反思和与他人交流。人生就是一场不断学习和进化的旅程，任何问题都可以通过学习来解决，任何人在任何时候都可以通过学习改变命运。

6 **柔弱胜刚强：**柔弱的力量往往比刚强更具持久性和生命力。投资者要承认自己是市场的“弱者”，才会尊重市场趋势，避免企图战胜市场，逆势操作。只有承认自己的“弱”，才能敬畏一切，不断进化，最终成为真正的强者。柔弱胜刚强的智慧应该贯穿每个人的创业、投资和生活，帮助我们从更高维度、更从容地应对挑战。

7 **乐观地设想，悲观地计划，愉快地执行：**“乐观地设想，悲观地计划，愉快地执行”是一种积极的人生哲学。在投资中，我们要对中国资本市场的未来充满信心，要对自己的投资生涯充满信心。但在操作中要始终保持谨慎，避免重大风险，要保持愉快的心情来进行投资。

8 **构建财富和人生的飞轮系统：**系统思维是成功的关键。无论财富系统还是人生系统，构建一个良性循环的系统都能让我们事半功倍。系统思维让我们能以更全面的视角看待问题，逐步实现人生的长期目标。

核心结论

世界是复杂的，投资是存在风险的，成功是不容易的。很多事情并不像我们想象中的那么简单，有很多的不确定性，但也不像我们认为的那么难，永远不可实现。投资和人生的成功，并不需要我们做出多么惊天动地的事情。我们只需要掌握一些底层规律，并且持续坚守和践行，就能不断成长，拥有越来越多的财富和越来越美好的人生。

后记 | Postscript

投资——留给未来最好的家书

本书至此就结束了。整本书中我把我对投资的底层认知都进行了介绍，可能很多没有投资经验的读者看不太懂。但是没关系，因为我想写的是一本永远不会过时的书。我希望的是没有经验的读者看完也能对投资底层拥有一个大概的认知，避免亏损，在以后有需要的时候，拿出来看看，也能有所收获。

这就是本书对于读者的意义。

其实，本书于我而言还有另外一层意义，就是传承。

我想传承一种投资观。

我的投资方法都是自学的：没有一个正统的师父带我，都是我这么多年到处东拼西凑，看了很多国内外的经典投资著作，模仿了很多人的方法，然后自己拼命实战和感受，最终形成的。期间确实亏损了很多钱，好在最终运气不错，我还是获得了一些结果。

我对投资的理解，也就是我的投资观的形成，是和我这些年的各种金融从业经验、投资经验，以及我的创业经验息息相关的。它不仅仅是我单纯做投资形成的产物，它还是我对世界运行规律、对财富、对人、对自己等各种因素综合起来形成的产物。所以本书的很多内容，不局限于投资。

学会投资很简单，人人都能学会，因为它的底层逻辑只有几个：抓住客观事实、应对大于预测、坚持长期主义、控制风险、坚守能力圈……但是，做好投资又很难，因为它更考验的不是术法，而是心法，甚至是道法，也就是我所说的投资观、财富观，甚至价值观。

我们怎样理解这个世界，怎样理解投资和财富，决定了我们的投资会是什么样子。

我想让大家认识到投资是让家庭变得更好的必备技能，我想让大家认识到投资的底层知识，我想让大家拥有大道至简、长期主义、乐观向上的投资观。

我更想传承一种财富观。

很多人会把投资看成一种投机，他们认为投资不创造价值，而且是不务正业的行当，财富应该靠双手争取，而不是靠投机倒把。

我在本书说过，股市发展对经济有促进作用，只是中国股市散户程度过高而导致股份波动较大，但是整体股市还是向好的方向发展的，并且在未来会给予经济发展和家庭财富积累更多的支持。投资者通过自己的努力学习和实践，付出了心血、时间和金钱，获得相应的回报，是值得尊重的。

财富不仅能靠双手争取，追求财富更不是一件“可耻”的事情，如果一直这样想，人类社会就不会进步，只能一直停留在农耕文明了。我们应该用系统的思维，用长期主义的原则，用乐观向上的精神，追求更多的财富、更美好的生活、更丰盛的人生。

除了事业，投资是每个人都可以做的，是追求财富和美好人生的工具。投资给我带来的好处实在太多了，它不仅仅提升了我的财富水平，还改变了我的人脉圈，改变了我对人生的理解和追求。

我想把更好的投资方法带给大家，提升大家的财富水平；我想重新塑造国民的财富观念，让大家用积极心态追求财富；我想让大家拥有更美好的生活。

而我最想传承一种价值观。

我的核心价值观是：善良、感恩和自我超越。这三个词不是挂在墙上的训诫，于我而言是我每一次投资动作的指挥棒，更是我家庭文化的核心价值观。

善良，我从来不让我的客户吃亏，我不会为了赚取管理费而过度营销、拼命做大规模，我不会为了获取佣金而冒险投资。我对钱有很积极和正向的认知，我坚信积善之家，必有余庆。

感恩，我感恩每一位相信我的客户，我跟每一位客户都成为生活上的朋友，根本不需要用利益来维护关系。客户说："把钱交给你很安心，睡得踏实"，因为他们知道我注重他们的钱多于我自己的钱，他们知道我会想尽办法保住他们的钱，并给他们稳健地赚更多钱。投资于我们而言，不仅仅是财富增值的工具，更是互相加深关系的附属品。

自我超越，我和团队每天都在进步，不仅仅是在投资知识和技巧上，更是在自我认知和自我修炼上。我不仅创业，也做投资，还一直花很多钱和时间学习各种知识。我的客户并不会觉得我在投资上花的时间少了就担心我做不好投资，因为他们认同我的理念：投资并不是花的时间越多就会越好，它更取决于全面进步。当然了，也因为他们看到了我团队的有效运作，看到了结果也确实不差。

投资，是我的财富思想和人生理念的浓缩。

十多年跌宕起伏的人生，我能够屡次爬起来，所依赖的正是我书中贯穿的思想：永远保持乐观和希望，永远努力进步，永远对别人好。经历得越多，对财富看得越透、越清，对未来也越从容。这些年我看到很多人在走我过去走过的弯路，踩我踩过的坑，但他们并没有我运气那么好能多次爬起来。我也看到国人对财富还处于“羞涩”状态，不好意思谈财，不认真理财。

所以，我很想在中国做投资者教育，做财富教育。未来我还会持续精进，写更多书，传播更多理念，成为一名顶尖的财富教练。

当你们真正感受和理解这些文字时，会明白我真正留给你们的不是方法论，而是看见财富本质的“眼睛”。

这本讲投资的书是我另一段人生的起点。我想通过投资，把我最珍贵的礼物传承给我的儿女、我的家族后人，传承给我的徒弟们，传递给有需要的人。

此书是我投资思想的精华，更是我留给未来最好的家书。